Horst Stephan

Klett Sicher in Deutsch

Rechtschreibung 7./8. Klasse

Alles zum Thema Rechtschreibung

Klett Lerntraining

Hinweis:
Zu diesem Buch gehören Online-Tests unter
www.klasse5bis10.klett-lerntraining.de.
Der Zugang zu den Online-Abschlusstests ist bis drei Jahre nach Ersterscheinen des Buches gewährleistet.

Dieses Werk basiert auf 978-3-12-927544-3.

Bibliografische Information der Deutschen Nationalbibliothek
Die Deutsche Nationalbibliothek verzeichnet diese Publikation in der Deutschen Nationalbibliografie; detaillierte bibliografische Daten sind im Internet über http://dnb.dnb.de abrufbar.

Dieses Werk folgt der gültigen Rechtschreibung und Zeichensetzung. Ausnahmen bilden Texte, bei denen künstlerische, philologische oder lizenzrechtliche oder andere Gründe einer Änderung entgegenstehen.

4. Auflage 2025

www.klett-lerntraining.de/kontakt
Cover: Rücken Shutterstock (Sazhnieva Oksana), New York; U1/U4 Getty Images (pixdeluxe), München
Satz: DTP-Studio Andrea Eckhardt, Göppingen
Druck: Multiprint Ltd., Kostinbrod
Printed in Bulgaria
ISBN 978-3-12-927612-9

Inhaltsverzeichnis

3 Doppel- und Dreifachkonsonanten

4 Der s-Laut

5 Groß- und Kleinschreibung

6 Getrennt- und Zusammenschreibung

7 Zeichensetzung

8 Worttrennung

So übst du mit diesem Buch

Liebe Schülerin, lieber Schüler,

du möchtest sicher in der deutschen Rechtschreibung werden?
Dann ist dieses Buch genau das richtige Übungsbuch für dich! Es hilft dir dabei, alle **wichtigen Themen** der deutschen Rechtschreibung zu wiederholen und zu üben. Gehe so vor:

Schritt 1

Suche aus dem Inhaltsverzeichnis das **Thema heraus**, das du wiederholen möchtest.

Schritt 2

Lies das **Merkwissen** im Kasten **durch**. Dort steht alles, was du zu diesem Thema wissen und können solltest.

Schritt 3

Jetzt kannst du mit den vielen unterschiedlichen **Aufgaben üben**. Einige Aufgaben lassen sich aus Platzgründen nicht im Buch lösen – lege dir dafür Papier bereit.

Schritt 4

Vergleiche deine Antworten mit den **Lösungen** hinten im Buch.

Schritt 5

Wenn du ein Kapitel abgeschlossen hast, kannst du dich mit dem **Abschlusstest online testen**. Die Ergebnisse aus dem Test kannst du in die Tabelle am Kapitelende übertragen. So behältst du immer den Überblick.

So funktioniert der Abschlusstest online

Gehe auf www.klett-lerntraining.de/8A9Z.

Du erhältst eine Übersicht über alle Kapitel und darunter alle verfügbaren Abschlusstests.
Wähle einen passenden Test aus und bearbeite die Aufgaben.

Du kannst alle Online-Tests mit und ohne Anmeldung nutzen.
Bitte beachte: Wenn du dich nicht anmeldest, kann dein Lernstand in den Tests **nicht gespeichert** werden.

Eine Anmeldung ist nur möglich, wenn du dich vorher bei uns registriert hast. Dafür musst du dir einen Benutzernamen und ein Passwort ausdenken und deine E-Mail-Adresse angeben. Dann erhältst du einen Aktivierungslink per E-Mail.

Informationen zu Registrierung und Anmeldung findest du immer unter „**Hilfe**" in unserem Lernportal www.klasse5bis10.klett-lerntraining.de.

Viel Erfolg wünschen dir die Autoren und das Team von Klett-Lerntraining

1 Lang gesprochene Vokale und Umlaute

1.1 a – ah – aa

Lang gesprochener Vokal a

Der lang gesprochene Vokal **a** kann unterschiedlich geschrieben werden:

- ohne Dehnungszeichen.
  › Made, Schwan, Name

  Merke:
  Wörter, die mit den Silben **qu** oder **sch** beginnen, schreibt man immer mit einem einfachen **a**.
  › Qual, Quader, quaken
  Schal, Schar, Scham

- mit Dehnungs-h.
  › Zahn, Hahn, Wahn

  Vor den Konsonanten **l**, **m**, **n** und **r** steht meistens ein Dehnungs-h.
  › Zahl, Rahm, Bahn, Jahr

- durch Verdopplung.
  › Paar, Haar, Waage

Doppelvokal aa

- Ein doppeltes a **(aa)** schreibt man nur in wenigen Wörtern.
  › Aal, aalglatt, Haar, Staat, staatlich

- Bei der Bildung des Plurals und der Verkleinerungsform wird aus **aa** ein einfaches **ä**.
  › Saal – Säle – Sälchen
  Paar – Paare – Pärchen

Aufgabe 1

a) **Lies den Text und unterstreiche alle Wörter, in denen der Vokal a lang gesprochen (gedehnt) wird.**

Die beiden Jungen

Auf einer schmalen Brücke trafen sich zwei Jungen mit ihrem Fahrrad. Der eine kam mit einem Affenzahn von links, der andere in einem wahnsinnigen Tempo von rechts. „Fahr aus meiner Fahrbahn!“, rief der eine mit wehenden Haaren heranrasend.“ – „Ich mag nicht – weich du doch aus!“, schrie der andere, einen dicken Rucksack tragend. Da keiner nachgab, kam es zu einem heftigen Streit. „Das kann nicht wahr sein“, schrie der erste, „ich mahne dich zum letzten Mal.“ Und er prahlte: „Ich werde mit dir das tun, was ich gestern Abend mit dem anderen getan habe.“ Da gab der zweite Junge den Fahrweg frei und fragte zaghaft, was er demjenigen denn getan habe, der nicht aus dem Weg gefahren wäre. „Ach so. Als der Grobian nicht nachgab, blieb mir keine andere Wahl. Ich wich aus seiner Bahn – und aß eine Banane.“

frei nach Joh. Peter Hebel

b) **Schreibe die Wörter in die richtige Spalte.**

a	ah / aa
schmalen	*Fahrbahn*

Aufgabe 2

Setze in die folgenden Reimwörter(-Paare) a oder ah ein.

Beispiel: H*a*se V*a*se

Dr ___ t	Z ___ l	Sch ___ l	Kr ___ n
R ___ d	T ___ l	W ___ l	B ___ n
K ___ bel	W ___ n	H ___ n	S ___ men
N ___ bel	Tr ___ n	Pl ___ n	R ___ men
D ___ me	M ___ l	Reg ___ l	M ___ ser
N ___ me	Qu ___ l	Ped ___ l	F ___ ser
Sp ___ n	S ___ ne	Kn ___ be	Ir ___ n
Z ___ n	Pl ___ ne	R ___ be	K ___ n
Qu ___ der	Sch ___ m	W ___ l	Schw ___ n
H ___ der	R ___ m	St ___ l	L ___ n
M ___ ler	J ___ r	Gr ___ m	M ___ ß
Str ___ ler	Z ___ r	z ___ m	Sp ___ ß

Aufgabe 3

Löse die Rätsel mithilfe der Worterklärungen.

1.						
2.						
3.						
4.						
5.						
6.						
7.						
8.						
9.						
10.						
11.						
12.						
13.						
14.						
15.	A	a	c	h	e	n

1. schlangenförmiger Fisch
2. Tierleiche/Schimpfwort
3. Vogel/Adler
4. hornartiges Fadengebilde
5. zwei Wesen, Dinge
6. zueinander passend
7. kraterartiger See/Eifel
8. ausgesäter Samen
9. Schiffsmann/Unteroffizier
10. Nebenfluss der Mosel
11. Fest-/Versammlungsraum
12. Nebenfluss der Elbe
13. Mess-/Wiegegerät
14. politisches Gemeinwesen
15. Stadt im Dreiländereck

1.2 e – eh – ee

Auch der lang gesprochene Vokal **e** kann unterschiedlich geschrieben werden. So schreibt man z. B. „Weg" und viele andere Wörter nur mit **e**, aber „Ehre" mit **eh** und „Teer" mit **ee**.

Der lang gesprochene Vokal **e** kann so geschrieben werden:

- ohne Dehnungszeichen.
  › Leben, Gebet, Weg, geben, reden, beten

  Merke: Wörter, die mit **qu** und **sch** beginnen, haben (fast) immer nur ein einfaches **e**.
  › quer, Quere
  Schere, (ein-)scheren, Schererei
  Aber: scheel, Schnee

- mit Dehnungs-h.
  › Ehe, Ehre, Lehre, lehren, nehmen, wehren

  Beachte:
  Vor den Konsonanten **l**, **m**, **n** und **r** steht ein Dehnungs-h.
  › Befehl, Lehm, Sehnsucht, Verkehr

- durch Verdopplung.
  › Allee, Seele (aber: selig), Meer

Aufgabe 4

Markiere in der Wörterschlange die Nomen, die einen lang gesprochenen e-Laut enthalten.

Elle – Ehre – Eltern – Nest – Teer – Reh – Held – Dehnung – Geest – Tee – Elbe – Ecke – Esel – Lehm – Meer – Reederei – Idee – Ebbe – Erz – Zeder – Rebe – Erzeugnis – Schere – Erde – Eva – Allee – Essen – Nebel – Leber – Hefe – Erle – Elend – Demut – Rest – Telefon – Recht – Test – Treter – Regel – Lehne – Erbe

Aufgabe 5

Präge dir diese Nomen, die alle mit ee geschrieben werden, ein.

Merkwörter:

Fee	Beere	Idee
Komitee	Klee	Meer
Frottee	Moschee	Schnee
Leere	Gelee	Kaffee
See	Galeere	Püree
Porree	Spree	Seele
Allee	Tee	Speer
Armee	Chaussee	Heer
Lorbeer	Tournee	Kanapee
Beet	Klischee	Renommee

Suche dir mindestens 5 Wörter aus der Liste aus und bilde mit jedem Wort einen Satz.

____

____

____

____

____

____

____

____

____

____

____

1.3 i – ih – ie – ieh

Das lang gesprochene i

Auch der lang gesprochene Vokal **i** wird unterschiedlich geschrieben.
Das lange **i** wird oft als **ie** geschrieben, manchmal aber auch als einfaches **i**.
Du musst dir die Wörter einprägen – eine allgemeingültige Regel gibt es nicht.

Diese **Tipps** helfen dir weiter:

- Wörter, die mit lang gesprochenem **i** beginnen, werden mit einfachem **i** geschrieben.
  › Igel, Ire, Ibis (Vogel)

- Das lange **i** wird normalerweise im Wortinnern (Inlaut) als **ie** geschrieben.
  › Dieb, Hieb, Sieb
  ich siege, du siegst; ich liege, du liegst
  wieder (= noch einmal), Wiederholung

  Beachte:
  Eine Reihe von Wörtern enthalten die Silbe **-ier**. Diese Wörter werden lang gesprochen.
  › diktieren, addieren, Revier

- Einige Ausnahmen (auch Lehn- und Fremdwörter) werden im Wortinnern zwar lang gesprochen, aber mit einfachem **i** geschrieben.
  › Tiger, Fibel, Liter, Sirup, Lid
  mir, dir, wir
  du gibst, er gibt
  wider (= gegen), Widerstand

- In manchen Fällen wird das lange **i** auch **ieh** geschrieben.
  › Vieh, fliehen, ziehen

- **Achtung**: Das lange **ih** steht nur in Personalpronomen und Possessivpronomen.
  › ihren, ihrem, ihres, ihm

- Die meisten Fremdwörter mit lang gesprochenen **i**-Laut am Wortende werden mit **ie** geschrieben.
  › Geografie (auch: Geographie)
  Orthografie (auch: Orthographie)

Aufgabe 6

Lies den Text und unterstreiche alle Ausdrücke, die mit einem langen i geschrieben werden.

Der Dieb

Als ein Dieb in einer Villa vier Vasen stiehlt, wird er von einem riesigen Tier überrascht, das aussieht wie ein Tiger. Erschrocken eilt der Dieb in die Diele, um zu fliehen. Hier stellt sich ihm der Hausdiener entgegen und befiehlt: „Bleib stehen, gib auf! Ich habe die Polizei schon alarmiert." Als diese in ihrem Dienstwagen vorfährt, lässt sich der Dieb widerstandslos festnehmen.

Aufgabe 7

Finde zu jedem Nomen ein verwandtes Verb, das im Wortinnern ein langes i (ie) hat.

Sieb	sieben
Dienst	
Miete	
Fliege	
Liebe	
Sieg	
Genuss	genießen
Guss	
Schluss	
Verdruss	
Verlust	
Frost	

Aufgabe 8

Es gibt Verben, die nicht in der Grundform (Infinitiv), sondern in der Vergangenheitsform (Präteritum) durch ein langes i (ie) gekennzeichnet sind, z. B.

Infinitiv Präsens:	schreiben
Präteritum:	ich schrieb, du schriebst …

Konjugiere die angegebenen Verben wie oben.

heißen, laufen, bleiben, halten, steigen, stoßen, treiben, blasen, leihen, preisen

Aufgabe 9

Viele Wörter, die anderen Sprachen entlehnt sind, enden auf -ieren. Ergänze das Verb.

Nomen	Verb
Diktat	diktieren
Diskussion	diskutieren
Gratulation	
Import	
Export	
Addition	
Rasur	
Buchstabe	
Schikane	
Marsch	
Regierung	
Notizen	
Kontrolle	
Kasse	
Telefon	

Aufgabe 10

Hier siehst du drei Spalten mit Wortresten. Ergänze den fehlenden, immer lang gesprochenen i-Laut.

i im Anlaut	i im Inlaut	i im Auslaut
___ re	Kl ___ ma	Chem ___
___ on	F ___ bel	Melod ___
___ gel	Br ___ se	Havar ___
___ ris	Pr ___ se	Energ ___
___ sar	T ___ ger	Kolon ___
___ wan	Ru ___ ne	Garant ___
___ dee	L ___ ter	Batter ___
___ dol	S ___ rup	Liturg ___
___ mam	Tar ___ f	Amnest ___
___ dyll	Mus ___ k	Epidem ___
___ deal	Kam ___ n	Prüder ___
___ kone	Augenl ___ d	Akadem ___
___ rene	Kr ___ se	Symmetr ___
___ ronie	Benz ___ n	Biograf ___
___ diom	Fabr ___ k	Geometr ___
___ sotop	Sal ___ ne	Lithograf ___
___ rokese	Term ___ n	Fotograf ___

Aufgabe 11

Zu den besonders „hinterhältigen“ Wortgruppen, gehören die Wortverbindungen mit den Bestandteilen wieder (= noch einmal) und wider (= gegen, entgegen).

Bilde Wörter mit den angegebenen Bestandteilen und trage sie richtig in die Tabelle ein.

-holen, -streben,- vorlage, -spenstig, -stand, -kommen, -kehren, -um, zu-, an-n, er-n, -aufbau, -spiegeln, -wahl, -hall, -worte, -ruf, -haken, -käuen

wieder	wider

1.4 o – oh – oo

Das lang gesprochene o

Der lang gesprochene Vokal **o** kann geschrieben werden:

- ohne Dehnungszeichen.
  › Not, Lot, tot

  Das gilt auch für Lehn- und Fremdwörter.
  › Auto, Atom, Foto, Politik

  Merke:
  Wörter, die mit den Lauten **qu** und **sch** beginnen, schreibt man mit einem einfachen o.
  › Quote, Quotient
  schon, Schonung, Schoner (Schutzhülle/Schiff)

- mit Dehnungs-h.
  Ein Dehnungs-h steht nur vor den Konsonanten **l, m, n** und **r.**
  › hohl, Kohl, Kohle, Sohn, Lohn, Mohn, Ohr, Rohr

- durch Verdopplung.
  › Moor, Moos, Boot

Aufgabe 12

In diesen Redewendungen findest du Wörter mit lang gesprochenem o. Markiere die gedehnten Vokale (o, oh, oo).

1. Not kennt kein Gebot.
2. Er zog das große Los.
3. Der Ton macht die Musik.
4. Mit mir war nicht die Bohne los.
5. Es gibt gleich rote Ohren!
6. Trockenes Brot macht Wangen rot.
7. Sie saßen alle im gleichen Boot.
8. Eine Rose ohne Dornen ist wie eine Soße ohne Salz.

Aufgabe 13

Streiche alle falsch geschriebenen Wörter durch.

Idohl Doose Mohnd Aprikoose Idol Fohlen Nordpool Folen Moped Dose Nordpol Mohped Aprikose Bote Bohte Mond

Aufgabe 14

Finde die gesuchten Begriffe.

Ein anderes Wort für „reich“:	w ___ lhabend
Damit kann man hören:	___ ren
Ein anderes Wort für „testen“:	auspr ___ bieren
Damit kann man Limonade trinken:	Str ___ halm
Wir leben in einer:	Dem ___ kratie
Ein festliches Gewand:	R ___ be
Ein anderes Wort für „Schornstein“:	Schl ___ t
Er ist noch nicht geschliffen:	R ___ diamant
Sie blüht im Garten:	M ___ sr ___ se
Etwas vorsichtig, rücksichtsvoll, sorgsam behandeln:	sch ___ nen
Damit kann man auf Reisen gehen:	W ___ nm ___ bil

1.5 u – uh

Lang gesprochener Vokal u

Der lang gesprochene Vokal u kann so geschrieben werden:

- ohne Dehnungszeichen.
  › Hut, Mut, du, gut, zu

  Dazu gehören auch die Wörtern mit der Vorsilbe **ur-/Ur**.
  › Urwald, urig

  Auch Wörter, die mit dem Laut **sch** beginnen, haben nur ein einfaches **u**.
  › Schule, sie schufen, schlugen, schmusen

- mit Dehnungs-h.
  Vor Konsonanten **l**, **m**, **n** und **r** steht ein Dehnungs-h.
  › Stuhl, Ruhm, Huhn, Uhr, fuhr

Aufgabe 15

Setze links Wörter mit Ur- zusammen; Bilde rechts mit dem Wort Uhr- zusammengesetzte Nomen. Verwende dazu die angegebenen Grundwörter.

Glas, Ahn, Kette, Meter, Einwohner, Zeiger, Teil, Laub, Gehäuse, ~~Beginn~~, Wald, Band, Zeit, ~~Werk~~

Ur
- ______
- ______
- ______
- *Urbeginn*
- ______
- ______
- ______

Uhr
- ______
- ______
- ______
- *Uhrwerk*
- ______
- ______
- ______

1.6 ä – äh, ö – öh, ü – üh

Wie du weißt, werden nicht nur Vokale, sondern auch Umlaute (**ä, ö, ü**) lang (gedehnt) gesprochen und unterschiedlich geschrieben.
So schreibt man z. B. „Märchen" mit **ä**, aber „ungefähr" mit **äh**, „Lüge" mit **ü**, aber „Gefühl" mit **üh**.

Was sich **ableiten** lässt:

- Wörter mit **ä** oder **äh** von Wörtern mit **a** oder **ah**.

  › täglich (Tag), Begräbnis (Grab)
  jährlich (Jahr), zählbar (Zahl)

- Wörter mit **ö** oder **öh** von Wörtern mit **o** oder **oh**.

  › krönen (Krone), lösen (Los)
  löhnen (Lohn), gewöhnlich (Gewohnheit)

- Wörter mit **ü** oder **üh** von Wörtern mit **u** oder **uh**.

  › brüten (Brut), spüren (Spur)
  rühmen (Ruhm)

Merke:
Wörter, die mit den Lauten **qu** oder **sch** beginnen, haben kein Dehnungs-h.

› quälen, quäken
schädlich, Schädel, Schädling

Aufgabe 16

Ergänze die Wortreste mit ä oder äh, ö oder öh, ü oder üh.

K_ä_fer	K_ö_nig
W___rme	H___le
Gef___rte	Sp___le
Get___se	K___le
M___re	M___rchen
L___ge	Z___ne
M___le	K___der
Tr___ne	Tr___del
F___re	Vers___nung
Gef___rdung	gew___nlich
W___rung	j___rlich
R___rung	sp___rlich
F___rung	fr___lich
Fischgr___te	sch___dlich
Kr___nung	s___chtig
n___mlich	h___rig
ungef___r	d___mlich

Aufgabe 17

Hier siehst du, wie die Ableitung eines Wortes bei der Schreibung helfen kann. So lässt sich z. B. das Wort „Zähne“ von „Zahn“, „nämlich“ von „Name“ oder „tödlich“ von „Tod“ ableiten.

Ergänze die Tabelle.

Nomen	Adjektiv/Partizip	Verb
Tod	tödlich	töten
Jahr	jährlich	(ver-)
Betrug		betrügen
Ton		tönen
	rötlich	(er-)röten
Wut	wütend	
	demütig	demütigen
Gefahr		gefährden
	glühend	glühen
Wasser	wässrig	
Argwohn	argwöhnisch	
Stahl		(sich) stählen
Zahl		zählen
	höhnisch	verhöhnen
Wahl		wählen
Schaden	schädlich	

Abschlusstest online 1

Super! Du hast **Kapitel 1 – Lang gesprochene Vokale und Umlaute** durchgearbeitet. Dabei hast du wiederholt, dass lang gesprochene Vokale ganz unterschiedlich geschrieben werden können. Du weißt nun auch, wie und mit welchen Strategien du die richtige Schreibweise herausfinden kannst.

So funktioniert der Abschlusstest online:
Um deinen Lernerfolg zu überprüfen, kannst du nun die Tests online machen. Gehe auf
www.klasse5bis10.klett-lerntraining.de/8A9Z
und registriere dich wie vorne im Buch beschrieben.

Welche Tests es gibt, siehst du unten in der Tabelle. Nach jedem Test bekommst du eine Auswertung.

Willst du immer im Blick haben, welche Themen du schon kannst oder was du besser nochmal wiederholen solltest? Dann notiere deine Ergebnisse aus den Abschlusstests in der Tabelle.

Mein Ergebnis im Abschlusstest – Kapitel 1

Thema	Mein Ergebnis
Die lang gesprochenen Vokale und Umlaute a, e, o, u, ä, ö, ü	
Der lang gesprochene i-Laut	

2 Gleich und ähnlich klingende Laute

2.1 e – ä, eu – äu

Stammprinzip bei a und au

1. Ein **a** oder **au** im Stammwort kann nur zu einem **ä** oder **äu** werden.
2. Ein **e** oder **eu** kann nie zu einem **ä** oder **äu** werden.

› Kranz – Kränze – bekränzen
Hand – Hände – behände (fix)
Stelle – Stellen – einstellig
Seuche – Seuchen – verseucht

Beachte:
Im Plural wird aus **a** ein **ä** und aus **au** ein **äu**.
e und **eu** bleiben dagegen auch im Plural **e** und **eu**.

› Gans – Gänse, Rad – Räder
Gaul – Gäule, Maus – Mäuse
Rede – Reden, Pferd – Pferde
Beule – Beulen, Eule – Eulen

Aufgabe 1

Lies den Text „Hundegebell" und unterstreiche alle Wörter, in denen man beim Sprechen nicht eindeutig zwischen den Lauten e/ä oder eu/äu unterscheiden kann.

Hundegebell

Mit lautem Gebell und sich sträubendem Fell läuft ein Hund hinter Leuten her, die ihre Nase laut schnäuzen. Sie sind nämlich erkältet. Am Pferdestall angelangt, bleibt der Hund auf der Stelle stehen. Scheue Gäule bäumen sich auf. Aus einem gräulichen Gebäude kommt eine Bäuerin und versucht, sämtliche Tiere zu besänftigen. Den Hund verscheucht sie.

Aufgabe 2

Finde das entsprechende Stammwort. Orientiere dich an den Beispielen.

gräulich – freundlich – schnäuzen – überschwänglich – aufwändig – belämmert – sämtlich – hässlich – gewerblich – schändlich – verbläuen – bereut – schmächtig – geläufig – gestikulieren – Stängel – Bändel – Gämse

abgeleitetes Wort	Stammwort
behände	Hand
nämlich	Name
festlich	Fest

2.2 ei oder ai

ei oder ai

Die Schreibweisen von **ei** und **ai** haben den gleichen Klang.
Merke: Nur wenige Wörter schreibt man mit **ai**, sonst heißt es immer **ei**.

Am besten lernst du die Wörter mit **ai** auswendig:
Kai, Kaiser, Laie, Laib, Laich, Mai, Mais, Saite, Feldrain, Waise

Aufgabe 3

Bilde zusammengesetzte Nomen. Fünfmal stehen die Wörter aus dem linken Kasten an der zweiten Stelle des neuen Wortes.

Bei	– Garde	Beitritt
Kai	Frosch –	
Kaiser	– Eid	
Laie(n)	– Baum	
Leib	Buch –	
Laib	– Instrument	
Laich	– Tritt	
Leiche(n)	– Ertrag	
Mein	– Halle	
Main	Feld –	
Mai	Rede –	
Mais	– Ufer	
Meise(n)	– Mauer	
Seite	Brot –	
Saite(n)	– Kasten	
Rein	– Reich	
Rain	– Kind	
Weise	– Feld	
Waise(n)	– Gruppe	

2.3 i – y – ü

Aufgabe 4

Ordne die Fremdwörter der richtigen Bedeutung zu und ergänze sie.

Chirurg, Misere, Fitness, Liga, Sirene, Triumph, Silvester, Simulation, Sinfonie, Symbol, System, Symmetrie, Rhythmus, Hypothek, Physik, Zylinder, ~~Zypern~~, Olympiade, Tyrann, Sympathie, Maniküre, Konfitüre, Pediküre, Ouvertüre

1. Zypern (Insel, Land)
2. ______ (31. Dezember)
3. ______ (Zusammenhang)
4. ______ (Orchesterwerk)
5. ______ (Opernvorspiel)
6. ______ (Facharzt)
7. ______ (Gleichtakt)
8. ______ (Bund, Verband)
9. ______ (Elend, Not)
10. ______ (Marmelade)
11. ______ (Weltspiele)
12. ______ (Nachahmung)
13. ______ (Leistungsfähigkeit)
14. ______ (Fußpflege)
15. ______ (Siegesfreude)
16. ______ (Alleinherrscher)
17. ______ (Gleichmaß)
18. ______ (Naturwissenschaft)
19. ______ (Schallerzeuger)
20. ______ (Sinnbild)
21. ______ (Pfandrecht)
22. ______ (Zuneigung)
23. ______ (Handpflege)
24. ______ (Hohlkörper)

2.4 b – p, d – t, g – k

Es gibt nicht nur Wörter mit gleich und ähnlich klingenden Vokalen (a, e, i, o, u), sondern auch Wörter mit gleich und ähnlich klingenden Konsonanten, wie z. B. **b** oder **p**, **d** oder **t**, **g** oder **k**.
Es gibt Strategien, mit denen du aber herausfinden kannst, wie du die gleich und ähnlich klingenden Konsonanten richtig schreibst.

b oder p, d oder t, g oder k

1. Durch deutliche Aussprache eines Wortes kannst du hören, ob es am Anfang (Anlaut) oder im Innern (Inlaut) mit **b** oder **p**, **d** oder **t**, **g** oder **k** geschrieben wird.

   › Bein → aber: Pein
   Deich → aber: Teich
   Gasse → aber: Kasse
   Traube → aber: Raupe
   Ende → aber: Ente
   Berge → aber: Werke

2. Weißt du nicht, ob ein Wort am Ende (Auslaut) mit **b** oder **p**, **d** oder **t**, **g** oder **k** geschrieben wird, verlängere es oder suche dazu ein verwandtes Wort.

   › Kalb – Kälber
   Herd – Herde → aber: Wert – Werte
   Gang – Gänge → aber: Bank – Bänke

Merke:
Mit **b** schreibst du:
Abt, Erbse, Herbst, hübsch, Obst, Krebs, Obhut, ab, ob

Mit **p** schreibst du:
Gips, Raps, Mops, Schnaps, Schlips, Papst, Kapsel, Stöpsel, Haupt, Klempner, September

Aufgabe 5

Ergänze die fehlenden Konsonanten b oder p. Verlängere die Wörter in der rechten Spalte.

b oder p im Anlaut	b oder p im Inlaut	b oder p im Auslaut
B aum	Ra *b* e	Die *b* (*e*)
_ ark	Tul _ e	To _ (_)
_ ach	Gru _ e	Trie _ (_)
_ erg	Hau _ e	Lei _ (_)
_ robe	Rau _ e	Flo _ (_)
_ ult	Pum _ e	Sie _ (_)
_ and	Trau _ e	Rau _ (_)
_ ein	Lau _ e	Cam _ (_)
_ ord	Ris _ e	Sto _ (_)
_ usch	Gar _ e	lie _ (_)
_ insel	Nar _ e	Stau _ (_)

Aufgabe 6

Ergänze das jeweils fehlende Wortende mit b oder p, d oder t, g oder k. Verlängere die Wörter anschließend oder notiere dazu verwandte Wörter.

Sieb *b*	*Siebe*	Ber _	______	Her _	______
Hie *b*	*Hiebe*	Wer _	______	Wer _	______
Ba _	______	Trun _	______	Ra _	______
Ra _	______	Dun _	______	Ta _	______
Strei _	______	Spu _	______	To _	______
Zwei _	______	Tru _	______	No _	______
Stau _	______	Par _	______	Kal _	______
Rau _	______	Sar _	______	Skal _	______

2.5 d – t, dt – tt

end- oder ent-

- Die Silbe **end-** schreibt man mit **d**, wenn sie von „Ende" abzuleiten ist.
  › endlich, endlos, endgültig
  Endpunkt, Endstation, Endlauf
- Die Silbe **ent-** schreibt man mit **t**, wenn sie nicht von „Ende" abzuleiten ist.
  › entlang, entzwei, entbehrlich
  Entschluss, Entspannung, Entwurf

Stadt oder statt

Man schreibt „**Stadt**" (= große Wohnsiedlung) mit **dt**, aber „**Stätte**" (= Platz, Stelle) mit **tt**.
Auch die *Präposition* mit dem Genitiv „**statt**" schreibt man mit **tt**.
› Stadtrat, Städter, städtisch
Statthalter, Werkstatt, statthaft
statt deren, an (Eides) statt

tod- oder tot-

- Man schreibt die Vorsilbe **tod-**, wenn das Grundwort ein Adjektiv ist.
  › todernst, todbleich, tödlich
  Todfeind, Todsünde, Todessturz
- Man schreibt die Silbe **tot-**, wenn das Grundwort ein Verb ist.
  › totfahren, totgeboren, töten
  Totschlag, Totenkopf, Totenbett

seid oder seit

- Bei dem Wort **seid** handelt es sich um eine konjugierte Verbform von **sein**, nämlich die 2. Person Plural.
  › Seid ihr fertig?
  Sicher seid ihr müde.
- Das Wort **seit** ist eine Präposition, mit der man eine **Zeitangabe** macht.
  › Sie wohnen seit einem Jahr in München.
  Seit einer Woche haben wir Ferien.

Aufgabe 7

Ergänze die Wörter mit d oder t.

en___los | en___lich | en___zückt | en___leeren

en___decken | en___stehen | en___scheiden

unen___geltlich | unen___wegt | unen___lich | en___en

Aufgabe 8

Setze in die Lücken die Wörter Stadt, Statt/Stätte oder statt so ein, dass sinnvolle Wortverbindungen entstehen.

Klein *stadt*	Groß ___
Arbeits ___	Innen ___
___ halter	___ rat
Wohn ___	___ staat
___ lich	___ haft
___ finden	___ geben
Werk *statt*	Ruhe ___
Haupt ___	___ *lichkeit*
Kreis ___	an ___

Aufgabe 9

Ergänze die Wörter mit dem Nomen Tod(es), den Silben tod- oder tot-.

______ Tod feind	______ ernst
______ stille	______ blass
______ urteil	______ krank
______ anzeige	______ sicher
______ fall	______ müde
______ lachen	______ stellen
______ tot schlagen	______ schweigen
______ treten	______ angst

Aufgabe 10

Ergänze seid oder seit.

Liebe Mia,

es ist jetzt schon ein wenig her, ________ ich dir geschrieben habe. Ich kann dir sagen, ________ wir umgezogen sind, ist alles anders. Ich teile mir gerade mit meiner Schwester ein Zimmer. Es ist gar nicht so schlimm, wie ich dachte. Meine Mutter sagte gestern: „Ihr ________ mir zwei Herzchen!". Damit meinte sie nicht, dass wir nett und lieb seien. Unsere Nachbarin meinte: „Ihr ________ ja wie Pech und Schwefel." Das soll wohl heißen, dass wir uns ganz gut vertragen und einige Streiche aushecken. Es ist gar nicht so übel, ________ wir hier sind. Wie schaut es bei dir aus? ________ ihr schon zu deiner Oma gefahren?

Liebe Grüße

Lea

2.6 f – v – ph – pf

f-Laut

Der f-Laut hört sich in vielen Wörtern ganz ähnlich an, kann aber ganz verschieden geschrieben werden: **f**, **v**, **pf** oder **ph**.

› Feile, Harfe, Huf
Volk, Larve, brav
Physik, Strophe, Triumph

Merke:

- Meistens wird der f-Laut mit dem Buchstaben **f** geschrieben.
  Nach dem Konsonanten **n** schreibt man immer **f**.
  › Fest, rufen, Efeu, Auskunft, Vernunft, Zukunft

- Nach dem Konsonanten **m** schreibt man immer **pf**.
  › Dampf, Strumpf, Sumpf

- Bei einigen Wörtern schreibst du den f-Laut mit einem **v**.
  Auch die Vorsilbe **ver-** und die Präposition **vor-** in allen Zusammensetzungen schreibst du mit **v**.
  › Vater, brav, voll, verstehen, vorschlagen

  Achtung: Das **v** in Fremdwörtern sprichst du meist wie **w**.
  › Villa, Klavier, Vase, Vampir

- In Fremdwörtern tritt der f-Laut oft als **ph** auf.
  › Atmosphäre, Physik, Philosophie, Phrasendrescher
  Strophe, Triumph

  Bei einigen Wörtern gibt es auch eine eingedeutschte Schreibweise mit **f**, die auch verwendet werden kann.
  › Delfin – Delphin
  fantastisch – phantastisch
  Fotometrie – Photometrie
  Orthografie – Orthographie

  Fast ausschließlich mit f werden heute geschrieben:
  › Fotografie, Megafon, Mikrofon, Telefon, Grafik

Aufgabe 11

Ergänze die fehlenden Konsonanten f, v, pf oder ph.

Pf and	*f* and	*V* erse
F erse	eilchen	eile
ege	legel	aser
ase	Har e	Lar e
ater	oto	Trium
stum	iel	iel
licken	lücken	tra
bra	tie	akti

Aufgabe 12

In der Wortkette sind 26 Wörter versteckt, die mit f geschrieben werden. Markiere jeweils ihren Beginn wie im Beispiel und schreibe die Wörter auf.

E F E U F E R U F A L K E I F E R O L-
F Ü R S T E U F E L U F T I E F U R T-
A U F E L F O R E L L E I F E L I F T-
A F E L A U F I T T I C H U F E H D E-
L F E R A L F I L M O F A F T E R …

Efeu, Ufer, …

Aufgabe 13

Den 16 Fremdwörtern fehlt jeweils der Stamm: phon/fon, phot/fot, raph/graf oder ph. Vervollständige die Wörter mit diesen Wortstämmen. Der Schrägstrich sagt dir, dass das entsprechende Wort zwei Schreibweisen hat.

1. (Schalltrichter)
Mega f o n / Mega p h o n

2. (Absatz in Schriftstücken)
Para _ _ _ _ / Para _ _ _ _ _

3. (Handschriftendeuter)
_ _ _ _ ologe / _ _ _ _ _ ologe

4. (Abschnitt eines Liedes)
_ _ _ ometer / _ _ _ _ ometer

5. (Kurzschrift)
Steno _ _ _ _ ie / Steno _ _ _ _ _ ie

6. (Gerät zur Messung der Hörschärfe)
_ _ _ ometer / _ _ _ _ ometer

7. (Rechtschreibung)
Ortho _ _ _ _ ie / Ortho _ _ _ _ _ ie

8. (Verzeichnis von Büchern)
Biblio _ _ _ _ ie / Biblio _ _ _ _ _ ie

9. (Buchstabenfolge)
Al _ _ abet

10. (großer Erfolg)
Trium _ _

11. (großes Unglück)
Katastro _ _ e

12. (Abschnitt eines Liedes)
Stro _ _ e

13. (Straßendecke)
As _ _ alt

14. (Auslassungszeichen)
Apostro _ _

15. (chem. Element)
_ _ os _ _ or

16. (Lehrer der „Weisheit")
_ _ iloso _ _

2.7 x – chs – gs – ks – cks

x – chs – gs – ks – cks

- Nur wenige Wörter werden mit **x** und **chs** geschrieben. Dafür gibt es keine Rechtschreibhilfe.
  › Axt, Taxi, Text
  Achse, Sachse, Lachs
- Alle anderen Wörter, die auch mit dem x-Laut **cks**, **ks** oder **gs** geschrieben werden, lassen sich ableiten.
  › Knacks – knacken
  Mucks – mucken („mucksmäuschenstill")
  halbwegs – Weg
  flugs (schnell) – fliegen

Beachte:
Keks ist ein Lehnwort aus dem Englischen (cake[s]).

Aufgabe 14

Lies den Text und trage die fehlenden Konsonanten x, chs, gs, ks, cks ein.

Wie verhe ____ t

Alles schien wie verhe ____ t. Als Landwirt Ale ____ in der Scheune seine A ____ t suchte, fiel ihm erst die Schuhwi ____ e, dann das Skiwa ____ s in die Hände. Als er auf den Stuhl stieg, um die A ____ t herunterzuholen, bekam das Stuhlbein einen Kna ____ , er fiel und verkn ____ te sich den Knöchel. Unterwe ____ zur Weide riss sich der O ____ e von der Dei ____ el los und lief blindlin ____ auf einen Bu ____ baum zu, der an einem Fla ____ feld wu ____ . Das war für Ale ____ kein Ju ____ mehr! Als er schließlich abends sein Le ____ ikon verkle ____ te, verwünschte er diesen verfli ____ ten Tag.

Abschlusstest online 2

Toll! Du hast **Kapitel 2 – Gleich und ähnlich klingende Laute** durchgearbeitet. Hier hast du einige Tricks kennengelernt, die dir helfen, dich für die richtige Schreibung eines Wortes zu entscheiden, z. B. das Stammprinzip, die Wortverlängerung, die Suche nach verwandten Wörtern oder die deutliche Aussprache. Leider gibt es auch Fälle, in denen nur das Auswendiglernen der richtigen Schreibung hilft.

So funktioniert der Abschlusstest online:

Um deinen Lernerfolg zu überprüfen, kannst du nun die Tests online machen. Gehe auf
www.klasse5bis10.klett-lerntraining.de/8A9Z
und registriere dich wie vorne im Buch beschrieben.

Welche Tests es gibt, siehst du unten in der Tabelle. Nach jedem Test bekommst du eine Auswertung.

Willst du immer im Blick haben, welche Themen du schon kannst oder was du besser nochmal wiederholen solltest? Dann notiere deine Ergebnisse aus den Abschlusstests in der Tabelle.

Mein Ergebnis im Abschlusstest – Kapitel 2

Thema	Mein Ergebnis
e – ä, e – eu, ei – ai, i – y – ü	
b – p, d – t, g – k, d – t, dt – tt	
f – v – ph – pf, x – chs – gs – ks – cks	

3 Doppel- und Dreifachkonsonanten

3.1 ff, ll, mm, nn, pp, rr, ss, tt

Doppelkonsonanten

Die gebräuchlichsten Konsonanten (Mitlaute), die verdoppelt werden, sind:
f → **ff**, l → **ll**, m → **mm**, n → **nn**, p → **pp**, r → **rr**, s → **ss**, t → **tt**.

Beachte:
Nach kurz gesprochenem Vokal (a, e, i, o, u) wird der folgende Konsonant verdoppelt.

› Affe, Fell, Grille, Donner, Butter

Einzel- oder Doppelkonsonant

Wenn du nicht weißt, ob am Ende (Auslaut) eines Wortes oder im Inneren (Inlaut) eines Wortes ein einzelner oder doppelter Konsonant steht, verlängere das Wort oder zerlege es in Silben.

› Rolle – Rol-le
Mann – Männer / Män-ner
Stall – Ställe / Stäl-le
Donner – Don-ner

Einfacher Konsonant

Folgen auf einen kurz gesprochenen Vokal zwei oder mehrere verschiedene Konsonanten, so wird der Konsonant hinter dem Vokal nicht verdoppelt.

› Zelt – Zelte
Zorn – zornig
Hemd – Hemden
Stups – stupsig
Nest – Nester

Beachte:
Nach einem lang gesprochenen **a** – **e** – **i** – **o** – **u** oder nach **au** – **äu** – **eu** – **ai** – **ei** schreibst du immer nur einen einfachen Konsonanten.

› Stapel, Esel, Titel, oben, rufen, Baum
Säure, Leute, Saite, Seife

Aufgabe 1

Vervollständige die Wörterkette, indem du die fehlenden Doppel- oder Dreifachkonsonanten ergänzt. Beachte dabei: Der letzte Buchstabe des einen Wortes (z. B. „Mutter“) ist zugleich der Anfangsbuchstabe des folgenden Wortes („Rippe“).

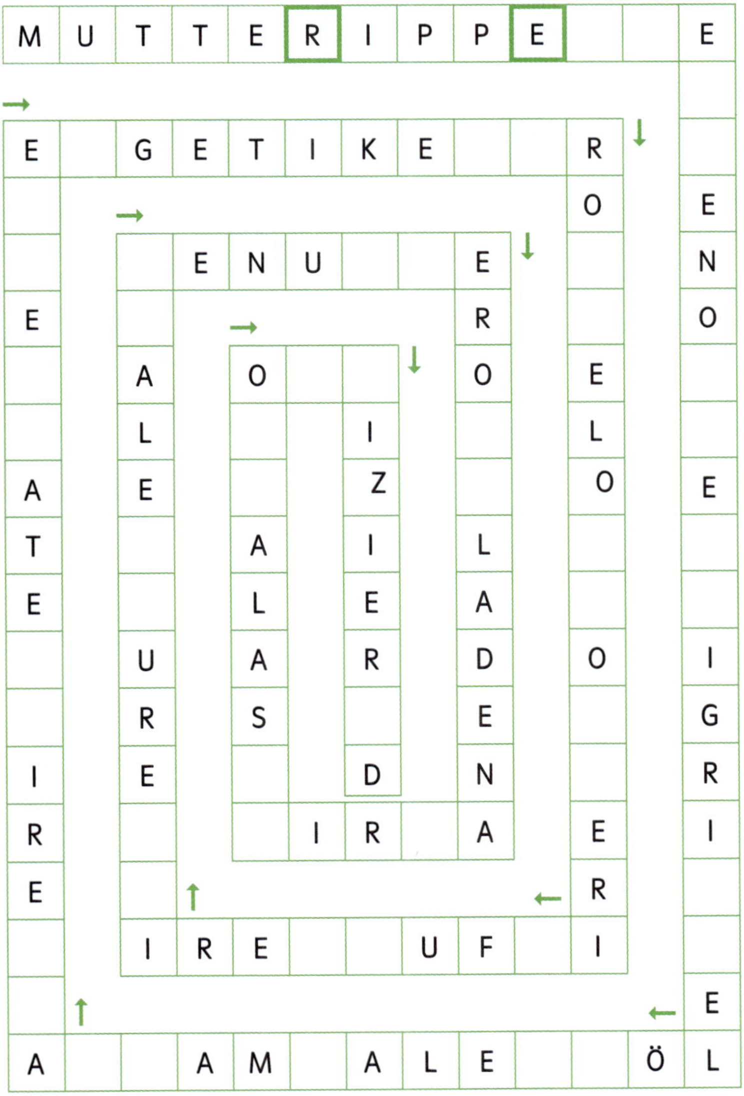

Aufgabe 2

Hier siehst du zwei Wortblöcke (A und B), in die du die fehlenden Doppelkonsonanten ff, ll, mm, nn, pp, rr, ss oder tt einsetzen sollst. Verlängere die Wörter anschließend und zerlege sie in Silben.

A		B		
Ro ___ e		Na rr	Nar-ren	
So ___ e		Dri ll	dril-len	
La ___ e		Da ___	________	
Si ___ e		Ma ___	________	
Dü ___ e		Be ___	________	
Ma ___ e		Ku ___	________	
Ka ___ e		Gri ___	________	
Do ___ er		Ka ___	________	
So ___ er		Ri ___	________	
Sta ___ el		Gri ___	________	
Ze ___ el		Sto ___	________	
Tro ___ el		Pa ___	________	
Ri ___ e		Kna ___	________	
Ro ___ er		Pfi ___	________	
Trü ___ el		He ___	________	
Que ___ e		Tri ___	________	

Aufgabe 3

Gib zuerst an, wo die Verben getrennt werden müssen. Bilde dann jeweils das Präteritum und das Partizip Perfekt.

Infinitiv	Trennung	Präteritum	Partizip Perfekt
beginnen	be-gin-nen	begann	begonnen
irren	ir-ren	irrte	geirrt
klappern			
trommeln			
fesseln			
schaffen			
knabbern			
beißen			
schwellen			
schreiten			
fallen			
schimmeln			
knurren			
rinnen			
flattern			
prallen			
nummerieren			

Aufgabe 4

Tipp:
Präge dir die Wörter ein.

Bei diesen Wörtern folgt auf einen kurz gesprochenen Vokal kein Doppelkonsonant, sondern ein einfacher Buchstabe. Bilde sinnvolle Wörter, indem du den jeweils passenden Konsonanten (einfaches f, l, m, n, p, r oder s) ergänzt.

A (kurzes e, i, u)

Gi_f_t

Li___t

He___t

Du___t

Schri___t

B (kurzes a, e, i, o, u)

Fa___te

Fe___ge

Ko___ben

Si___ber

Tu___pen

C (kurzes a, e, i, u)

He___d

Sa___t

Zi___t___

La___pe

Lu___pen

D (kurzes a, e, i, u)

Ka___te

Ti___te

Pe___del

Wi___kel

Fu___ken

E (kurzes a, i, o, u)

Gi___s

Mo___s

Kla___s

Klo___s

Stu___s

F (kurzes a, e, i, o)

Hi___t

Ke___n

Zo___n

Fa___n

Zwi___n

G (kurzes a, e, o)

Ra___t

La___t

Ga___t

Ne___t

Mo___t___

3.2 k – ck – kk

ck nach kurzem Vokal

Nach einem kurz gesprochenen Vokal schreibt man immer **ck**.

› Strecke, strecken
  Geschmack, schmecken
  Blick, blicken

Aber:
„Nach **l**, **m**, **n**, **r** – das merke ja, steht nie **tz** und nie **ck**!"

› Kalk, Imker, Anker, Werk
  Salz, Pilz, Pelz
  Kranz, Schwanz, Münze

k nach langem Vokal und Umlauten

Nach einem lang gesprochenen Vokal schreibt man nie **ck**, sondern **k**.
Auch nach **au**, **äu**, **eu**, **ai**, **ei** und **ie** schreibt man stets **k**.

› Haken, Ekel, Spuk
  Pauke, Streik, heikel, piekfein

Fremdwörter

Fremdwörter schreibt man nie mit **ck**.
Auch viele Lehnwörter schreibt man nicht mit **ck**, sondern mit **k**.

› Sekt, Tabak, Theke, Lokal, Takt, Trakt, Lyrik, Kritik

Beachte:
Eine Reihe von Fremdwörtern schreibt man mit **kk**, weil sie aus zwei (Sprech)Silben bestehen.

› Ak-kord = Akkord (Dreiklang)
  Sak-ko = Sakko (Jacke)
  ak-ku-rat = akkurat (genau, sorgfältig)

Aufgabe 5

Bilde Wörter mit ck und k und schreibe sie auf.

Brü	ck	er	____________
Pä		chen	____________
Ku		e	____________
Schi		er	____________
Hö		sal	____________
We		el	____________
Fa		el	____________
De		uck	____________

Nel	k	e	____________
Wol		en	____________
Wer		er	____________
Schen		e	____________
Im		e	____________
Sen		e	____________
Bor		e	____________
Bal		e	____________

Aufgabe 6

Diese Lehn- und Fremdwörter sind in Silben zerlegt worden, deren Reihenfolge jedoch falsch ist. Ordne die Silben so, dass sinnvolle Wörter entstehen.

1. dukt – pro Produkt
2. tik – tak __________
3. nik – tech __________
4. wak – bi __________
5. bak – ta __________
6. tat – dik __________
7. ko – sak __________
8. brik – fa __________
9. tor – dok __________
10. ko – lo – pik __________
11. ku – ak – rat __________
12. chi – ar – tekt __________
13. ta – dik – tur __________
14. kel – hi – ve __________
15. ak – tiv – ku – sa __________
16. de – on – ak – kor __________
17. ka – ni – ro – mak __________
18. ve – ti – lo – mo – ko __________

3.3 ff + f, ll + l, ss + s, tt + t, ck + k

Drei Konsonanten

- Treffen bei einer Wortbildung drei gleich lautende Konsonanten aufeinander, so darf **kein Konsonant wegfallen.**
  › Schiff + Fahrt = Schifffahrt
  Ballett + Truppe = Balletttruppe
  Fluss + Sand = Flusssand
- Trifft bei einer Wortbildung ein **ck** auf ein **k**, so darf das **k** nicht wegfallen.
  › Scheck + Karte = Scheckkarte
  Schmuck + Kasten = Schmuckkasten

Aufgabe 7

Verbinde ein Wort der Spalte A jeweils mit einem Wort der Spalte B, sodass sinnvolle Zusammensetzungen entstehen.

A	B	
1. ~~Schiff~~	Tropfen	Schi ff | f ahrt
2. Fluss	Leben	
3. Schmuck	Tuch	
4. Fett	Plakat	
5. Bett	Flamme	
6. Flanell	Fetzen	
7. Wett(e)	Flasche	
8. Still(e)	~~Fahrt~~	
9. Sauerstoff	Sand	
10. Papp(e)	Lappen	
11. Stoff	Turnen	
12. Auspuff	Kasten	

Abschlusstest online 3

Glückwunsch! Du hast **Kapitel 3 – Doppel- und Dreifachkonsonanten** durchgearbeitet.
Du weißt nun, in welchen Fällen Konsonanten verdoppelt werden und wann einfache Konsonanten stehen müssen. Du hast wiederholt, wann man ck schreibt und wann k, und erinnerst dich daran, dass keine Konsonanten wegfallen dürfen.

So funktioniert der Abschlusstest online:
Um deinen Lernerfolg zu überprüfen, kannst du nun die Tests online machen. Gehe auf
www.klasse5bis10.klett-lerntraining.de/8A9Z
und registriere dich wie vorne im Buch beschrieben.

Welche Tests es gibt, siehst du unten in der Tabelle. Nach jedem Test bekommst du eine Auswertung.

Willst du immer im Blick haben, welche Themen du schon kannst oder was du besser nochmal wiederholen solltest? Dann notiere deine Ergebnisse aus den Abschlusstests in der Tabelle.

Mein Ergebnis im Abschlusstest – Kapitel 3

Thema	Mein Ergebnis
ff, ll, mm, nn, pp, rr, ss, tt	
k – ck – kk	
ff + f, ll + l, ss + s,tt + t, ck + k	

4 Der s-Laut

4.1 s, ss, ß

Erinnerst du dich? Für den s-Laut gibt zwei unterschiedliche Aussprache-weisen: das stimmhafte und das stimmlose s.
Diese bestimmen, wie der s-Laut geschrieben wird.
Tipp: Das stimmhafte s kitzelt beim Sprechen ein wenig an der Zunge.

s-Laut

Der s-Laut steht:

- am Wortanfang (Anlaut) als stimmhaftes **s**.
  › Saat, Senf, Sirup
- im Wortinnern (Inlaut) als stimmhaftes **s**.
  › Nase, Rose, Riese
  sausen, preisen, kreisen
- am Wortende (Auslaut) als stimmloses **s**, das man in der Verlängerung stimmhaft ausspricht.
  › Glas – Gläser, Kreis – Kreise, Gleis – Gleise

Merke:
Besitzt ein Verb im Infinitiv ein stimmhaftes **s**, so bleibt es erhalten. Wenn man das Verb konjugiert, wird aber einmal stimmhaft und einmal stimmlos gesprochen.

› blasen – ich blase, du bläst, er bläst …
rasen – ich rase, du rast, er rast …
niesen – ich niese, du niest, er niest …

ss nach kurzem Vokal

Steht der stimmlose s-Laut nach einem kurz gesprochenen Vokal im Innern eines Wortes (Inlaut) oder am Wortende (Auslaut), so schreibt man **ss**.

› Wasser (Was-ser), Kessel (Kes-sel)
Pass (Päs-se), Gebiss (Ge-bis-se)
Verschluss (Ver-schlüs-se)

Beachte:

- Bei allen abgeleiteten Formen solcher Wörter bleibt **ss** erhalten, wenn davor (auch) ein kurzer Vokal oder Umlaut steht.
  › Wasser – Gewässer – wässrig
  muss – müssen; du musst, er muss …
  Hass – hassen; du hasst, er hasst …
- Wenn bei der Ableitung des Wortes der kurze Inlaut zu einem langen wird, so tritt anstelle von **ss** ein **ß**.
  › Schuss, aber: schießen; du schießt, er schießt …
  Guss, aber: gießen; du gießt, er gießt …
  Riss, aber: reißen; du reißt, er reißt …
  Aber: er schoss; er goss; er riss (Präteritum)

ß nach langem Vokal

Steht der stimmlose s-Laut nach einem lang gesprochenem Vokal oder Umlaut im Innern oder am Ende eines Wortes, so schreibt man **ß**.

› Straße, Buße, Blöße; Maß, Fuß, Fleiß

Beachte:

- Bei allen abgeleiteten Formen solcher Wörter bleibt **ß** erhalten, wenn der Selbst- oder Umlaut davor (auch) lang gesprochen wird.
  › Maß – mäßig
  Gruß – grüßen; du grüßt, er grüßt
  Spaß – spaßen; du spaßt, er spaßt
- Wenn bei der Ableitung des Wortes der lange Inlaut zu einem kurzen wird, so tritt anstelle von **ß** ein **ss**.
  › Maß, aber: messen; du misst, er misst
  Fraß, aber: fressen; du frisst, er frisst

4

Aufgabe 1

Lies die Verben und prüfe, ob sich bei ihnen beim Sprechen der s-Laut ändert, wenn du sie in der 1. und 2. Person Präsens und Präteritum konjugierst. Markiere das stimmlose s farbig.

Infinitiv	Präsens	Präteritum
lesen	Ich lese, du liest …	Ich las, du lasest …
lösen	Ich löse, du löst …	Ich löste, du löstest …
blasen	________	________
niesen	________	________
lesen	________	________
lösen	________	________
blasen	________	________
niesen	________	________
kreisen	________	________
lotsen	________	________
faseln	________	________
preisen	________	________
wechseln	________	________
sausen	________	________
rasen	________	________
hasten (= eilen)	________	________

Aufgabe 2

In diesem Wortgitter werden alle Wörter im In- und Auslaut mit ss geschrieben. Markiere sie und schreibe sie auf.

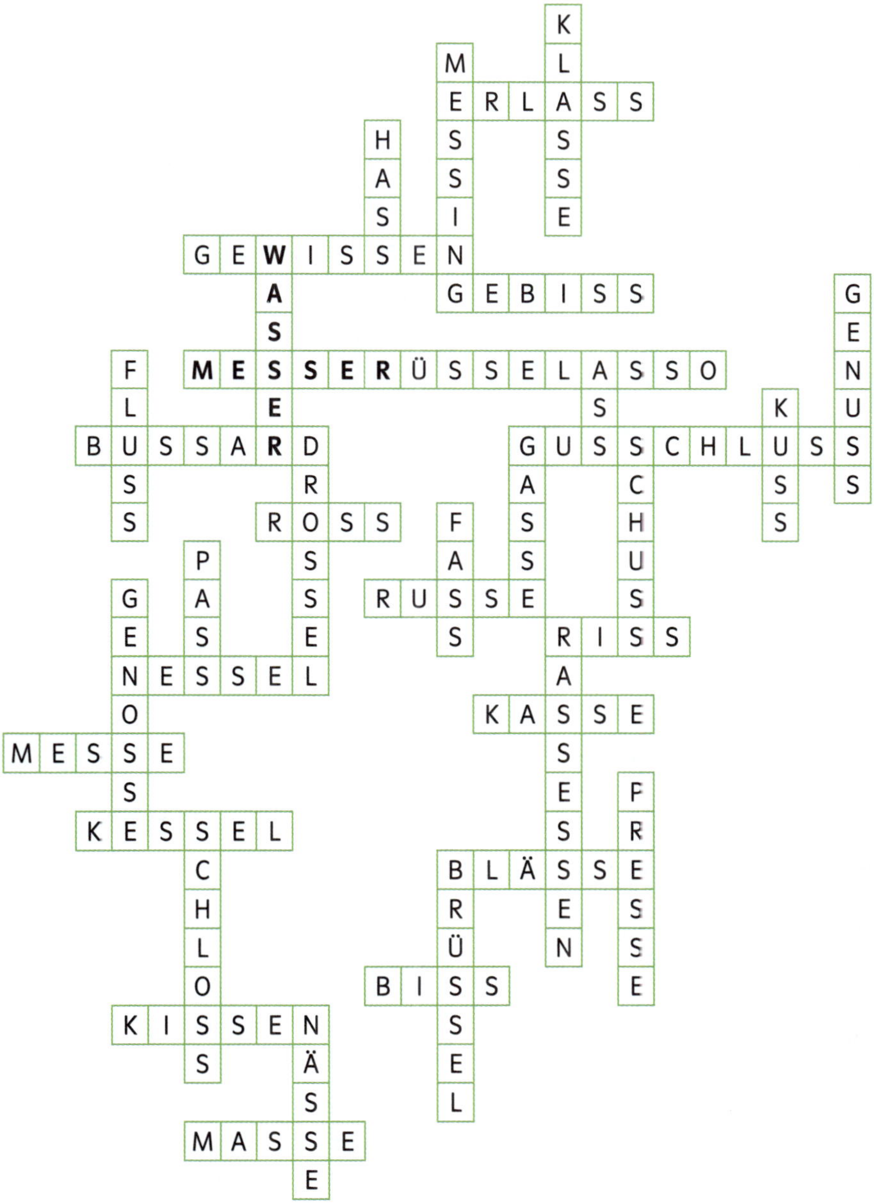

4

Aufgabe 3

Ergänze die Lücken. Achte darauf, ob der Vokal oder Umlaut vor dem s-Laut lang oder kurz gesprochen wird.

Nomen mit langem oder kurzem Vokal	**Verb im** Infinitiv	**Präsens** 3. Person Singular – er, sie, es	**Präteritum** 3. Person Singular – er, sie, es
Hass	hassen	hasst	hasste
Maß	messen	misst	maß
Riss	reißen	______	riss
Gruß	grüßen	grüßt	______
Pass	______	passt	passte
Spieß	spießen	______	spießte
Schloss	schließen	schließt	______
Guss	______	gießt	goss
Buße	büßen	______	büßte
Fraß	fressen	frisst	______
Spaß	______	spaßt	spaßte
Kuss	küssen	______	küsste
Spross	sprießen	sprießt	______
Verdruss	______	verdrießt	verdross
Biss	beißen	______	biss

Aufgabe 4

Verlängere die Wörter, indem du sie in den Genitiv (2. Fall) setzt. Lies sie anschließend laut vor und achte dabei auf die stimmhafte und stimmlose Aussprache des s-Lautes.

Los	*des Loses*	Haus	______
Schoß	*des Schoßes*	Strauß	______
Fleiß	______	Greis	______
Preis	______	Schweiß	______
Moos	______	Ruß	______
Stoß	______	Mus	______
Spaß	______	Reis	______
Glas	______	Weiß	______
Grieß	______	Maß	______
Kies	______	Gras	______
Klaus	______	Mais	______
Kloß	______	Steiß	______

4.2 miss-, -nis/-nisse

miss- und -nis

1. Die Vorsilbe **miss-** schreibt man mit **ss**.
   › missmutig, Misstrauen
2. Die Nachsilbe **-nis** schreibt man mit **s**, im Plural heißt es **-nisse**.
   › Zeugnis – Zeugnisse, Ereignis – Ereignisse

Aufgabe 5

Bilde mit diesen Silben Wörter und schreibe sie auf.

Miss...			**...nis**
	trauen	Zeug	
	mutig	Erleb	
	lingen	Bedürf	
	ernte	Geständ	
	achten	Versäum	
	griff	Kennt	
	gönnen	Begräb	
	gunst	Bedräng	
	lich	Geheim	
	liebig	Gelöb	
	handeln	Verzeich	
	stimmig	Ärger	
	verständnis	Vorkomm	

4.3 das – dass

das oder dass?

Ob du **das** oder **dass** schreiben musst, findest du leicht heraus, wenn du weißt, welche Aufgabe **das** oder **dass** im Satz hat.

Das kann diese drei Aufgaben erfüllen:

1. **Das** kann Artikel zu einem Nomen sein.
   › das Buch, das Kind, das Fenster
2. **Das** kann als Relativpronomen (bezügliches Fürwort) einen Nebensatz einleiten und bezieht sich auf ein vorheriges Nomen.
   › Das Kind, das liest, lernt.
   Das Haus, das alt ist, wird renoviert.
3. **Das** als Demonstrativpronomen (hinweisendes Fürwort) weist auf einen Gegenstand oder eine Handlung hin.
   › Das ist mein Buch.
   Das lässt sich machen.

Dass ist eine Konjunktion (Bindewort), die eine Folge oder eine Absicht ausdrückt, und einen Nebensatz mit einem Hauptsatz verbindet.
› Ich weiß, dass du da bist.
Dass du gekommen bist, freut mich.

Merke dir:
Man schreibt **das**, wenn man dafür *dieses*, *jenes* oder *welches* einsetzen kann.
In allen anderen Fällen schreibt man **dass**.

Aufgabe 6

Kreuze an, um welche Wortart es sich bei den markierten Wörtern jeweils handelt: Konjunktion (K), Artikel (A), Relativpronomen (R), Demonstrativpronomen (D).

	K	A	R	D
Ich frage mich, ob **das** wirklich stimmt.				
Ich hoffe, **dass** morgen nichts schiefgeht.				
Das Känguru, **das** in Australien heimisch ist, gehört zu den Beuteltieren.				
Jana freut sich, **dass** sie sich heute Nachmittag mit ihren Freundinnen am See treffen kann.				
Das war eine tolle Geburtstagsfeier!				
Das diesjährige Sommerfest war ein großer Erfolg.				
„**Dass** du **das** geschafft hast!“				

Aufgabe 7

Welches Wort gehört jeweils in die Lücken, das oder dass? Achte auch auf die Groß- und Kleinschreibung.

1. ________ T-Shirt dort links im Schaufenster gefällt mir besonders gut.
2. Schade, ________ du keine Zeit hattest, mit ins Kino zu gehen.
3. Lisa war sehr stolz, ________ Rätsel als Erste gelöst zu haben.
4. ________ Auto, ________ im Halteverbot stand, wurde abgeschleppt.
5. ________ du den 1. Platz belegt hast, freut mich sehr.
6. ________ Spiel endete unentschieden.
7. ________ ließ er sich nicht zweimal sagen!
8. Der Polizist erklärte, ________ es keine Zeugen für den Vorfall gebe.
9. Denk daran, ________ du den Akku regelmäßig aufladen musst.

Aufgabe 8

Ergänze ein sinnvolles Ersatzwort (dies, dieses, welches) in der Lücke. Wenn eine sinnvolle Ersetzung nicht möglich ist, ergänze einen Strich.

1. Das (______) Blumenbeet sieht besonders schön aus.
2. Das (______) Auto, das (______) so schnell in die Kurve eingebogen ist, dass (______) die Reifen quietschten, wurde von der Polizei angehalten.
3. Das (______) Kätzchen, das (______) Lena von ihrer Oma zum Geburtstag geschenkt bekommen hat, ist wirklich drollig.
4. Jeder weiß, dass (______) Obst und Gemüse gesund sind.
5. Dass (______) du das (______) geschafft hast!

Aufgabe 9

Ergänze in den Lücken das oder dass.

1. ________ ist ja toll!
2. ________ Fußballspiel, ________ sehr spannend war, endete unentschieden.
3. Gehört ________ Mountainbike dir?
4. Ich wünsche dir, ________ du ein neues Skateboard zum Geburtstag bekommst.
5. ________ IJsselmeer, ________ in den Niederlanden liegt, ist bei Wassersportlern sehr beliebt.
6. ________ Kamel, ________ perfekt an ________ Leben in der Wüste angepasst ist, kann 40 bis 50 Jahre alt werden.
7. Im Schülerbistro, ________ die 8. Klassen selbst organisieren, gibt es sehr leckere Schokobrötchen.

4.4 s-Laute

Aufgabe 10

Ergänze s, ss oder ß.

Stre___, la___ nach!

Ausgerechnet am Montagmorgen pa___ierte es: Leni hatte gründlich verschlafen. Anscheinend hatte sie am Vortag verge___en, ihren Wecker zu stellen. Doch da___ war erst der Anfang allen Übels: Als sie unter die Dusche hetzte, mu___te Leni feststellen, da___ der Warmwa___erhahn nicht mehr funktionierte. Gezwungenerma___en lie___ sie sich da___ ei___kalte Wa___er über den Rücken laufen.

Zeit für ein ausgiebiges Frühstück blieb schlie___lich nicht mehr. Leni trank schnell eine Ta___e Tee, schnappte sich ihre Schultasche, scho___ aus der Haustür, schlug die Tür hinter sich zu – und verga___, da___ ihr Hausschlü___el doch noch an seinem Platz neben der Garderobe hing! Nun hatte sie sich tatsächlich ausgesperrt. Glücklicherweise besa___ die Nachbarin noch einen Ersatzschlü___el, soda___ Leni nach der Schule nicht drau___en würde warten mü___en.

Nach einem regelrechten Sprint in Richtung Schule lie___ sie sich schlie___lich völlig au___er Atem auf ihren Stuhl plump___en. Im selben Moment ertönte das Läuten der Schulglocke. Gerade noch geschafft! In Sachen Pünktlichkeit lie___ Lenis Lehrer nämlich nicht mit sich spa___en!

Abschlusstest online 4

Super! Du hast **Kapitel 4 – Der s-Laut** durchgearbeitet.
Du kannst das stimmhafte und stimmlose s voneinander unterscheiden und du hast wiederholt, wann du Wörter mit einfachem s, mit ß oder ss schreiben musst.
Du weißt, wann du *das* (verwendet als Artikel, Relativpronomen oder Demonstrativpronomen) und wann du *dass* (als Konjunktion verwendet) schreiben musst.

So funktioniert der Abschlusstest online:
Um deinen Lernerfolg zu überprüfen, kannst du nun die Tests online machen.
Gehe auf
www.klasse5bis10.klett-lerntraining.de/8A9Z
und registriere dich wie vorne im Buch beschrieben.

Welche Tests es gibt, siehst du unten in der Tabelle. Nach jedem Test bekommst du eine Auswertung.

Willst du immer im Blick haben, welche Themen du schon kannst oder was du besser nochmal wiederholen solltest? Dann notiere deine Ergebnisse aus den Abschlusstests in der Tabelle.

Mein Ergebnis im Abschlusstest – Kapitel 4

Thema	Mein Ergebnis
s – ß – ss, miss-, -nis/-nisse	
das – dass	

5 Groß- und Kleinschreibung

5.1 Großschreibung von Nomen (Substantiven)

Mit großem Anfangsbuchstaben schreibt man:

- das erste Wort eines Satzes, eines Textes, einer Überschrift.
  › „Es ist an der Zeit." „Im Krankenhaus"
  „Komm endlich!" „Das Beste von uns"
  „Was willst du?" „Vor 50 Jahren …"

- nach einem Doppelpunkt, wenn ein vollständiger Satz oder wörtliche Rede folgt.
  › Er wusste: Dies ist eine gute Tat.
  Er fragte: „Wann kommst du?"

- Nomen, die Lebewesen und Gegenstände bezeichnen oder Gedachtes und Empfundenes ausdrücken.
  › Max, Maus, Blume, Tisch, Haus, Freude, Gedanke

- abgeleitete Nomen mit den Endsilben **-heit**, **-keit**, **-schaft**, **-sal**, **-sel**, **-tum**, **-nis**, **-ung**, **-chen**, **-lein**, **-ling**.
  › Einheit, Fröhlichkeit, Verwandtschaft, Trübsal, Schnipsel
  Eigentum, Zeugnis, Endung, Schälchen, Mäuslein, Lehrling

Tipp:
Wenn du unsicher bist, ob es sich bei einem Wort um ein Nomen handelt, achte auf die Begleiter: Vor einem Nomen steht oft ein bestimmter oder unbestimmter Artikel (der Tisch, ein Tisch) oder auch ein Artikel, der mit einer Präposition verschmolzen ist, z. B. am (= an dem) Tag. Ebenso kann ein Pronomen einem Nomen vorangestellt sein (ihr/mein Tisch).

Aufgabe 1

Hier ist alles kleingeschrieben. Schreibe die Sätze richtig auf.

1. meine kleine schwester isst am liebsten schokoladenpudding.

 ____

2. mein aufsatz trägt den titel „die erfindung des fahrrads".

 ____

3. am dienstag fiel das fußballtraining aus.

 ____

4. das habe ich befürchtet: da fehlt doch tatsächlich eine schraube!

 ____

5. lena hat im garten eine sonnenblume gepflanzt.

 ____

6. „dame" und „mühle" sind brettspiele.

 ____

Aufgabe 2

Viele Nomen werden von Adjektiven oder Verben abgeleitet. Bilde solche Nomen, indem du die folgenden Adjektive und Verben mit den Endungen -heit, -keit oder -ung verknüpfst. Schreibe die Wörter auf.

~~frei~~, ~~klug~~, natürlich, gewiss, wirklich, satt, dunkel, ehrlich, wahr, gemein, gesund, heiter, traurig, selten

~~beobachten~~, ~~erzählen~~, mahnen, erleichtern, vergelten, versuchen, schildern, einladen, entfernen, beleidigen, anstrengen, verletzen, erpressen, drohen, warnen

Adjektiv		Nomen	Verb		Nomen
frei	→	*Freiheit*	beobachten	→	*Beobachtung*
klug	→	*Klugheit*	erzählen	→	*Erzählung*

5.2 Groß- und Kleinschreibung von Verben

Verben werden **fast immer kleingeschrieben**.
› laufen; ich laufe, du läufst …
sprechen; ich spreche, du sprichst …

Verben werden **großgeschrieben**

- wenn sie ein Nomen ersetzen (nominalisiert werden).
  Dann steht vor ihnen ein bestimmter oder unbestimmter Artikel oder kann ergänzt werden.
  › Das war ein Kommen und Gehen.
  (Das) Laufen fiel ihm schwer.
  „Angeln und Rudern verboten!"

  Manche Artikel, die vor einem Verb stehen, sind nicht gleich zu erkennen, weil sie mit einer Präposition verschmolzen sind, z. B. am (= an dem), im (= in dem), ans (= an das), ums (= um das), aufs (= auf das).
  › Er hatte Zeit zum (= zu dem) Nachdenken.
  Sie kam ins (= in das) Grübeln.
  Er verletzte sich beim (= bei dem) Laufen.

- wenn sie durch ein Adjektiv näher bestimmt werden.
  › Gähnen stört mich. – Lautes Gähnen stört mich.
  Fahren ist gefährlich. – Schnelles Fahren ist gefährlich.

- wenn sie durch ein Pronomen genauer bestimmt werden.
  › Lachen steckt an. – Ihr Lachen steckt an.
  Singen macht Spaß. – Dieses Singen macht Spaß.

- wenn sie nach einer Präposition stehen.
  › Sie tat es ohne Murren.
  Durch Kochen wird Wasser keimfrei.
  Er versuchte es auf Biegen und Brechen.

Aufgabe 3

Suche die Verben und kreise sie ein.

lesen atmen abwaschen malen
essen malerisch sehen sichtbar
leserlich atemlos
sagenhaft abwaschbar sagen essbar

Aufgabe 4

Setze die angegebenen Verben ein und achte dabei auf die richtige Groß- und Kleinschreibung.

a) Sonja hatte uns zum ____________________ eingeladen. **(essen)**

b) In den Ferien kann ich endlich ____________________. **(ausschlafen)**

c) Beim ____________________ der Datei ist ein Fehler passiert. **(kopieren)**

d) Das laute ____________________ der Sirenen war überall zu hören. **(heulen)**

e) Jonas geriet ins ____________________, als er sein neues Handy beschrieb. **(schwärmen)**

f) Alle staunten über das große ____________________ der Artisten. **(können)**

g) Hoffentlich müssen wir nicht so lange ____________________! **(warten)**

h) Das war nicht zum ____________________! **(lachen)**

i) Der Pkw bog rechts ab, ohne zu ____________________. **(blinken)**

j) Er winkte uns im ____________________ zu. **(vorbeigehen)**

Aufgabe 5

a) Was drücken die Zeichnungen, die man auch Piktogramme nennt, aus? Schreibe ein passendes Prädikat auf die Linie.

Parken

________________!

Eis essen

________________!

Rauchen

________________!

b) Unterstreiche alle Verben, die als Nomen gebraucht werden.

Betreten der Baustelle verboten!

Das Plakatieren ist hier **nicht** erlaubt.

Das Spielen auf dem Rasen ist untersagt.

Das Betreten der Eisfläche ist verboten.

Angeln und Rudern sind hier verboten!

Das Berühren der Waren ist nicht gestattet.

Das Sprechen mit dem Fahrer ist zu unterlassen.

Das Besteigen des Strommastes ist strengstens verboten!

Aufgabe 6

Ergänze bei den Sprichwörtern und Redewendungen die fehlenden Anfangsbuchstaben.

Achtung:
Nicht alle Verben ersetzen Nomen.

1. ___eden ist Silber, Schweigen ist Gold.
2. ___ssen und ___rinken hält Leib und Seele zusammen.
3. Mit ___ängen und ___ürgen schaffte er die Prüfung.
4. Auf ___iegen und ___rechen wollten sie gewinnen.
5. Rosen muss man hegen und ___flegen.
6. ___chenken und ___eben macht viele Freunde.
7. ___ehen ist besser als ___ören.
8. ___robieren geht über ___tudieren.
9. Sie kennen sich vom ___ehen.
10. Ihr ist zum ___eulen.

Aufgabe 7

Ergänze die fehlenden Anfangsbuchstaben.

Wie man Popcorn macht

Wie kommt es zum ___ufplatzen des Maiskorn? Das ___egt am Aufbau des Korns. Es ist im Innern viel feuchter, als man ___lauben mag. Beim genauen ___ntersuchen kann man ___ntdecken, dass es neben Stärke auch zahllose kleine Wassertröpfchen ___nthält. Dieses Wasser ___ntwickelt sich im erhitzten Maiskorn zu Wasserdampf, bläht sich auf, drückt gegen die Schale – und das Korn ___xplodiert mit einem leisen ___uffen.
Danach heben die Körner ab und die weiße Masse kann sich über die Schale ___tülpen.
Vor dem ___enießen der knusprigen, warmen Bällchen ___olltest du ihnen Zeit zum ___bkühlen ___eben.

5.3 Groß- und Kleinschreibung von Adjektiven

Adjektive (Eigenschaftswörter) werden **fast immer kleingeschrieben**. Sie benennen Eigenschaften und Merkmale von Dingen, Lebewesen und Vorgängen.

› schnell, groß, schön, gesund, krank

Adjektive werden **großgeschrieben**,

- wenn sie mit oder ohne Artikel als Nomen (nominalisiert) gebraucht werden.

  › Das Böse
  Es gibt Arm und Reich.

- wenn sie in der Steigerungsform ein Nomen ersetzen.

  › Der Bessere gewinnt, der Schlechtere verliert.

  Aber: Superlative mit „am", nach denen man mit „wie?" fragen kann, schreibt man klein.

  › Diese Regel ist (wie?) am leichtesten zu lernen.

- wenn sie durch ein Pronomen (Fürwort) genauer bestimmt werden.

› Mein Lieber!	Aber: Mein lieber Bruder!
Mein Bester!	Aber: Mein bester Freund!
Unser Großer!	Aber: Unser großer Junge!
Dieses Grün gefällt!	Aber: Die grüne Farbe gefällt.

- wenn sie nach einer Präposition (Verhältniswort) stehen.

› im Allgemeinen	bei Rot halten
im Großen und Ganzen	Er grüßt aufs Herzlichste.
ins Blaue fahren	Er sagt es auf Deutsch.

Beachte:
Adjektive schreibt man nicht immer groß, wenn vor ihnen ein Artikel steht.

Beispiel: Der gerade Weg ist nicht immer der kürzeste (___Weg___).

Wie du siehst, bezieht sich der zweite Artikel („der") nicht auf das gesteigerte Adjektiv, sondern auf das Nomen, das sich (in Gedanken) ergänzen lässt. Du schreibst das Adjektiv in diesen Fällen klein.

Zahladjektive

Adjektive werden großgeschrieben, wenn sie nach einem unbestimmten Zahladjektiv (z. B. wenig, viel, etwas, nichts, allerlei, manches, ganz, ungezählt, andere, sonstige) oder als Ordnungszahl auftreten.

› alles **Ü**brige
nicht das **G**eringste
etwas **N**eues
wenig **B**rauchbares
der **E**rste; der **L**etzte; der **N**ächste
jeder **D**ritte; die **Z**weite

Aber:
Zahladjektive selbst werden kleingeschrieben.

› Die **einen** kommen, die **anderen** gehen.
Das haben **viele** schon gesehen.
Nur **wenige** waren anwesend.

Aufgabe 8

Unterstreiche alle Adjektive (Eigenschaftswörter). Schreibe sie unten in der Grundform auf.

Italienisches Märchen

Ein blauer, ruhiger See, tief umrahmt von Bergen, die ewiger Schnee bedeckt. Ein dunkler Saum von schmalen Gärten schmiegt sich reich gefaltet bis ins Wasser hinab. Weiße Häuschen, die aus feinem Zucker gegossen zu sein scheinen, blicken vom steilen Ufer in das Wasser hinunter. Ringsum gleicht alles dem friedlichen Traum eines zarten Kindes. Es ist ganz früh am Morgen. Von den hohen Berghängen steigt ein sanfter Blumengeruch empor. Eben ist die Sonne rotgolden aufgegangen. Auf den grünen Blättern dieser Bäume glänzen noch Tautropfen.
Wie ein großes Band zieht sich die Landstraße durch einen Engpass hin. Sie ist mit harten Steinen gepflastert und scheint doch weich zu sein wie Samt, über den man mit der bloßen Hand hinstreichen möchte.

Frei nach Maxim Gorki

blau, ______________________________

____

____

Aufgabe 9

Wähle passende Adjektive aus der rechten Spalte aus und setze sie so ein, dass sinnvolle Aussagen entstehen. Manche Adjektive bilden sogenannte Paarformeln (Jung und Alt). Achte auf die richtige Schreibweise.

1. Am Ufer drängten sich _Jung_ und ______.
2. Gesetze müssen von ______ und _Reich_ geachtet werden.
3. Über das Weihnachtsfest freuen sich ______ und ______.
4. Das ______ soll man tun, das ______ meiden.
5. Bei Trauer trägt man ______, zum Zeichen der Freude ______.
6. Nicht nur das _Alte_, sondern auch das ______ begeisterte die Zuschauer.
7. Die Sendung brachte ______ und _Neues_ über ein längst vergessenes Land.
8. Das ______ bestand er mit „Gut“, das ______ mit „Ausreichend“.
9. Das ______ an ihr war das ______ ihres Gesangs.
10. Für das ______ hatte er wenig Sinn.
11. Als die ______ kam, surrten die Kameras.
12. Das ______ der Wiesen leuchtete zu uns herüber.

~~reich~~
schwarz
neu
ungewöhnlich
arm
gut
klein
besonders
mündlich
~~alt~~
groß
~~neu~~
schriftlich
nützlich
grün
~~jung~~
böse
weiß
alt
schön
alt

Aufgabe 10

Ergänze die passende Präposition. Beachte dabei, dass einige Präpositionen mit einem Artikel verschmelzen können (auf das = aufs).

~~auf~~, das, im, dem, zum, des, in, dem, um, in, das, in, im, auf, im, auf

1. Wir haben uns _aufs_ Beste unterhalten.
2. Bei diesem Spiel geht es ________ Ganze.
3. Die Polizei tappt ________ Dunkeln.
4. Die Kommissarin fischte ________ Trüben.
5. Die Einbrecher suchten ________ Weite.
6. Der Zeitungsbericht traf ________ Schwarze.
7. Der Flug ging ________ Ungewisse.
8. Wir waren bis ________ Kleinste vorbereitet.
9. Er hielt mich auf ________ Laufenden.
10. Sie erfuhr davon nicht ________ Geringste.
11. Bist du dir darüber ________ Klaren?
12. Er gab viele Witze ________ Besten.
13. Er hat mir die Sache ________ Näheren erläutert.
14. Sie konnten uns vor ________ Ärgsten bewahren.
15. Wir verständigten uns ________ Englisch oder ________ Deutsch.

Aufgabe 11

Verkürze diese Sätze, indem du die Adjektive in Nomen verwandelst.

1. Mein *Lieber!* ______

   Mein lieber Bruder!

2. Mein ______

   Mein bester Freund!

3. Unsere ______

   Unsere kleine Tochter ist krank.

4. Seine ______

   Seine linke Faust traf oft den Gegner.

5. Er ______

   Er liebte diese weite Fläche.

6. Dieses ______

   Diese grüne Farbe gefällt mir.

7. Sein ______

   Seine äußere Erscheinung fiel auf.

8. Er ______

   Er verletzte sich seine rechte Hand.

9. Mein ______

   Mein inneres Empfinden sagte mir, dass er log.

10. Jene ______

    Jene fremde Frau bat mich um Hilfe.

Aufgabe 12

Ergänze das fehlende Nomen.

1. Kluge Menschen sind nicht immer die erfolgreichsten (____________________).
2. Die kleine Wohnung gefiel mir besser als die große (____________________).
3. Reife Äpfel schmecken mir besser als grüne (____________________).
4. Die freundlichsten Menschen sind nicht immer die aufrichtigsten (____________________).
5. Die alten Häuser standen leer, die neuen (____________________) waren bewohnt.
6. Die erste Gruppe bestand aus älteren (____________________), die zweite Gruppe aus jüngeren Menschen.
7. Die ältesten Stücke, die er zeigte, waren auch die wertvollsten (____________________).

Aufgabe 13

Verwandle die jeweils in Klammern geschriebenen Adjektive und Zahlwörter in entsprechende Nomen.

1. Er bat darum, als Nächster (nahe) bedient zu werden.
2. Jeder ________ (drei) leidet an dieser Krankheit.
3. Im Weitsprung war Tobias der ________ (eins).
4. Erschöpft traf er als ________ (letzt) im Ziel ein.
5. Als der ________ (vier) zögerte, überholte ihn der ________ (fünf).
6. In seinem Leben gab es viel ________ (schlecht).
7. Das muss jeder ________ (einzeln) selbst wissen.
8. Sie war nicht die ________ (einzig), die alles erfuhr.
9. Alles ________ (übrig) besprechen wir morgen.
10. Man fand bei ihm nicht das ________ (gering).
11. Kein ________ (gering) als Goethe hat das schon gesagt.
12. An dieser Musik finde ich nichts ________ (besondere).
13. Ihr widerfuhr etwas ________ (unangenehm).
14. Sie bekam allerlei ________ (nützlich).
15. Ich wünsche dir alles ________ (gut).

5.4 Großschreibung von Eigennamen

Adjektive und Eigennamen

Adjektive werden großgeschrieben,

- wenn sie Teil eines Eigennamens, d.h. eines Titels, einer biologischen, geografischen oder geschichtlichen Bezeichnung oder besonderer Kalendertage sind.

  › Der Stille Ozean
  der Westfälische Friede
  der Heilige Abend
  Regierender Bürgermeister

- wenn sie Teil eines mehrteiligen Eigennamens sind; hier schreibt man das erste Wort groß, nicht aber Artikel, Präpositionen und Konjunktionen.

  › Kap der Guten Hoffnung
  Vereinigte Staaten von Amerika
  Norddeutsche Neueste Nachrichten

- wenn sie Teil einer mehrteiligen festen Wendung sind, die eine neue Bedeutung erhält.

  › das Schwarze Brett (= Anschlagtafel)
  der Weiße Tod (= Lawinentod)
  das Hohe Haus (= Deutscher Bundestag)

Beachte:
Feste Fügungen aus Adjektiv und Nomen werden meist kleingeschrieben, wenn es sich nicht um Eigennamen oder feste Wendungen handelt.

› der indische Tee, die römischen Zahlen
die englische Sprache, die graue Maus
die erste Hilfe (auch: Erste Hilfe), die schöne Bescherung

Aufgabe 14

Bilde mithilfe der vorgegebenen Adjektive und Nomen sinnvolle Eigennamen.

	1. Teil	2. Teil		
1.	~~Rote~~	Abend	der	Rote Milan
2.	Weißes	Bär	das	
3.	Stiller	Bahn	der	
4.	Heiliger	Revolution	der	
5.	Deutsche	~~Milan~~	die	
6.	Großer	Meer	der	
7.	Schwarzes	Golf	das	
8.	Gelbe	Platz	die	
9.	Westfälischer	Mauritius	der	
10.	Roter	Testament	der	
11.	Französische	Haus	die	
12.	Persischer	Gemeinschaft	der	
13.	Grüne	Rundfunk	die	
14.	Blaue	Friede	die	
15.	Neues	Ozean	das	
16.	Bayerischer	Karte	der	
17.	Europäische	Insel	die	

5.5 Spezialfälle der Groß- und Kleinschreibung

Diese Wortarten schreibt man in der Regel klein. Werden sie als Nomen gebraucht (z. B. nach einem Artikel), müssen sie aber großgeschrieben werden.

Adverbien (Umstandswörter)

da, dort, hier, wo?, bald, gestern, jährlich, nachher, weg, darin, danach, gern, sehr, dagegen, immer, darum, sonst, …

Präpositionen (Verhältniswörter)

auf, in, mit, nach, durch, für, gegen, über, an, bei, neben, unter, vor, innerhalb, anstelle, inmitten, trotz, wegen, …

Pronomen (Fürwörter)

ich, du, er, sie, es; mich, dich, uns; mein, dein, unser; dieser, dieses, jenes; derselbe, dieselbe, …

Konjunktionen (Bindewörter)

und, oder, denn, auch, daher, darum, aber, um, weil, als, ehe, bis, dass, seitdem, entweder – oder, indessen, …

Numerale (Zahlwörter)

zwei, drei, vier, null, elf, zwölf, der Zweite, die Dritte, ein Viertel, sechs Siebtel, zweierlei, tausenderlei, …

Interjektionen (Empfindungswörter)

ah!, ha!, oh!, pfui!, äh!, weh!, hm!, heda!, wau!, muh!, ätsch!, hallo!, …

Aufgabe 15

In Redewendungen treten häufig Wörter in Paarformeln auf. Hier sind die Wortpaare allerdings vertauscht worden. Streiche das jeweils falsch eingesetzte Wort und ergänze das richtige.

1. Alles hat sein Für und ~~Aber~~ (*Wider*).
2. Ohne großes Wenn und Wider (______________).

3. Nach langem Drum und Her (______________) kauften sie das Haus.
4. Das ganze Hin und Dran (______________) verzögerte den Kauf.
5. Mit vielem Ach und Mal (__________) gab sie mir endlich das Geld zurück.
6. Sie wollte mir das Geld von Mal zu Weh (______________) zurückgeben.
7. Über das Was und Ab (______________) wurde lange diskutiert.
8. Der Verlauf der Projekttage war ein ständiges Auf und Wie (___________).

Aufgabe 16

Lies die folgenden Satzpaare, die sich in Sinn und Schreibweise voneinander unterscheiden. Ergänze die fehlenden Klein- oder Großbuchstaben.

1. Er konnte zwischen D ein und ___ ein nicht unterscheiden.
   Das rote ist d ein Fahrrad; das grüne ist ___ eins. **d / M**
2. Sie redete um die Sache ___ rumherum.
   Dieses ___ rumherum geht mir auf die Nerven. **d / D**
3. Dauernd dieses ___ auf und ___ unter!
   Er lief die Treppe ___ auf und ___ unter. **r / R**
4. Sie grüßte mit einem freundlichen „___ allo“.
   Sie sagte immer „___ allo“, wenn sie kam. **h / H**
5. Im Diktat bekam sie eine ___ ünf.
   Sie konnte nicht bis ___ ünf zählen. **f / F**
6. Er bewegte die Klinke ___ uf und ___ b.
   Sein Leben war ein ständiges ___ uf und ___ b. **a / A**
7. Er stand fünfmal im ___ bseits.
   Warum stehst du so ___ bseits? **a / A**

Groß- und Kleinschreibung bei Wochentagen und Tageszeiten

Wochentage schreibt man

- groß, wenn sie ohne, mit bestimmtem oder unbestimmten Artikel („der“) oder mit Adverb („am“) stehen.
  › Montag, Dienstag
  der Mittwoch, ein Donnerstag
  am Samstag, am Sonntag
- groß und zusammen, wenn sie mit einer Tageszeit verbunden sind.
  › (der) Montagmorgen
  (der) Sonntagabend
  (der) Freitagnachmittag
  (der) Dienstagmittag
- klein, wenn sie selbst ein Adverb sind.
  › montags, mittwochs, samstags

Tageszeiten schreibt man

- groß und getrennt, wenn sie in Verbindung mit den Adverbien **heute**, **(vor)gestern oder (über)morgen** stehen.
  › heute Mittag, vorgestern Morgen,
  übermorgen Abend, gestern Nachmittag

  Aber: Andere Angaben zur Tageszeit schreibt man klein.
  › morgen früh, von früh bis spät
- klein und zusammen, wenn sie als Adverb gebraucht werden.
  › montagabends, sonntagmorgens, freitagmittags

Aufgabe 17

Hier siehst du Zeitangaben: Tageszeiten und Wochentage – alle in Großbuchstaben und zusammengeschrieben. Notiere sie in der richtigen Schreibweise.

1. AMMONTAG — am Montag
2. DERMONTAGMORGEN ____________________
3. MITTWOCHMITTAGS ____________________
4. GESTERNUNDHEUTE ____________________
5. AMDIENSTAGABEND ____________________
6. DERSONNTAGMORGEN ____________________
7. ÜBERMORGENABEND ____________________
8. GESTERNNACHMITTAG ____________________
9. FREITAGSUNDSAMSTAGS ____________________
10. MONTAGSUNDMITTWOCHS ____________________
11. VORGESTERNMORGEN ____________________
12. SONNTAGNACHMITTAGS ____________________
13. HEUTEUNDÜBERMORGEN ____________________
14. MITTWOCHABENDS ____________________
15. DERDONNERSTAGMITTAG ____________________
16. HEUTEVORMITTAG ____________________
17. FREITAGNACHMITTAG ____________________

Die Anredepronomen „Sie“ und „Du“

Die Anredepronomen „Sie“ und „Ihr“ und die dazugehörigen Formen wie „Ihre“ oder „Ihnen“ schreibt man in Briefen und formellen Mitteilungen als höfliche Anrede groß.
Die Anredepronomen „Du/du“ und „Euch/euch“ (persönliche Fürwörter) sowie „Dein/dein“, „Deiner/deiner“, „Euer/euer“ (besitzanzeigende Fürwörter) können in Privatbriefen oder persönlichen Mitteilungen als vertrauliche Anredewörter **groß- oder auch kleingeschrieben** werden.

› Ich bitte Sie, mir Ihre Unterlagen zu schicken, damit ich Ihnen ....
… und so möchte ich Dich bitten, Deine ewigen Anrufe nach 22 Uhr zu unterlassen.

Hallo Tom,
ich schreibe dir und schicke euch die Bilder, damit du dich nicht darum kümmern musst. Ich möchte dich bitten, mir eure Ankunftszeit zuzusenden, damit ich euch abholen kann.

Beachte:
Das rückbezügliche Fürwort sich wird immer kleingeschrieben.

Aufgabe 18

Lies die drei Mitteilungen und vergleiche sie. Entscheide, welche Schreibweise der Anredewörter du nimmst. Markiere sie und schreibe sie auf.

Hallo Max, hallo Leute!

Was habe ich bei der letzten Fete von DIR und den anderen gehört? Kommt IHR nur noch in Schwarz, um bei den Mädchen Eindruck zu hinterlassen?
Warum bist DU eigentlich am Samstag nicht da gewesen?
Hättet IHR nicht zusammen kommen können? Die neue CD hätte EUCH in Stimmung gebracht.
Melde DICH und gib mir DEINE neue Handynummer durch!

Ciao DEIN Ben

Hallo Daniel!
Seit Tagen versuche ich, **DICH** zu treffen.
Ich will **DIR** nun schriftlich Folgendes sagen:
Das Verhalten, das **DU** am Samstag an den Tag gelegt hast, hat mich bestärkt:
Ich mache mit **DIR** Schluss. Seitdem wir zusammen sind, hast **DU** versucht, mir **DEINEN** Willen aufzuzwingen; **DU** und **DEINE** Meinung waren **DIR** immer wichtig.
Ich war **DIR** egal.
Das Machoverhalten, das **DU** an den Tag legst, und das man ja auch an **DEINER** Kleidung sieht, ödet mich an.
Unterlass ab sofort **DEINE** Anrufe.
Claudia

Tom Sonnenschein
Am Hölzchen 78
41462 Neuss

Neuss, den 20. 05. 2020

Young-Vision Zeitschriftenvertrieb
Postfach 999999
20000 Hamburg

Abo-Nr.: 27112053

Sehr geehrte Damen und Herren,

mit viel Spaß habe ich **IHRE** Zeitschrift jahrelang gelesen. Mich langweilen jetzt aber **IHRE** Storys und Bilder. Ich kündige **IHNEN** daher mein Abonnement zum nächstmöglichen Zeitpunkt.

Mit freundlichen Grüßen
Tom Sonnenschein

Grund-, Ordnungs- und Bruchzahlen

1. Ein- und mehrteilige Grund- und Ordnungszahlen unter einer Million schreibt man klein.
   › null, eins, zwei, dreizehn, hundert, tausend
   der fünfte Oktober, der achtzigste Geburtstag
   Aber: eine Million, Milliarde, Billion, … (groß!)

   Uhrzeiten (besonders eins bis zwölf mit oder ohne „Uhr") schreibt man klein.
   › Es ist fünf. Es ist neun Uhr.
   Es ist sieben Uhr fünfzehn (Minuten).

2. Grundzahlen schreibt man groß, wenn **vor** ihnen ein Artikel, ein Pronomen oder eine Präposition steht.
   › die Null, eine Fünf, die Elf
   am Achten, zum Fünfzehnten
   vom (= von dem) Dreißigsten, zu Hunderten

3. Ordnungszahlen schreibt man groß, wenn sie „allein" (ohne Nomen) stehen.
   › jeder Zehnte, dieser Erste
   mein Fünfzigster, sein Achtzigster
   Auch: Er wurde Zweiter, sie wurde Siebenundzwanzigste.

4. Numerale (Zahlwörter) schreibt man groß, wenn sie Bestandteil von Eigennamen sind.
   › die Dritte Welt, der Erste Mai
   Heinrich der Achte, die Unglückszahl Sieben

5. Bruchzahlen schreibt man
   - groß, wenn sie durch einen Artikel nominalisiert werden.
     › ein Viertel, ein Achtel, drei Fünftel der Menge, ein Drittel von …,
     neun Zehntel, sechs Siebtel, ein Zwanzigstel
   - klein, wenn sie vor einem Nomen stehen.
     › ein viertel Liter Wasser, ein achtel Liter Milch
   - Bruchzahlen in Verbindung mit Maßeinheiten kannst du auch zusammen und groß schreiben.
     › ein Viertelliter Wasser, ein Achtelliter Wasser, vor einem Dreivierteljahr, eine Dreiviertelstunde

Aufgabe 19

Wandle die eingeklammerten Ziffern in die entsprechenden Zahlwörter um. Achte darauf, ob sie klein- oder großgeschrieben werden.

1. Als die Uhr _eins_ (1) schlug, stand das Spiel ________________ (3:2).

2. Mit seiner ____________________ (1) im Physiktest prahlte er, aber die __________ (5) im Diktat verschwieg er.

3. Von ___________________ (12) bis __________ (2) ist Mittagspause.

4. Die _______________ (4) und die _______________ (7) sind biblisch bedeutsame Zahlen.

5. Eine __________________ (1 000 000) ist ______________________ (1000) mal _________________________ (1000); eine Billion _________________________ (1000) Milliarden.

6. Als er ________________________________ (50) wurde, hatte er ein halbes _________________________ (100) erreicht.

7. Mit ____________________________ (70) Jahren gesellte er sich gern zu den ______________________________ (60-jährigen).

8. Mehrere ______________________________ (10 000) umsäumten die Straßen.

→

9. Die Menschen verhungerten zu ________________ (100) und zu ________________ (1000).

10. Weil er während des Spiels den ________________ (2.) dem ________________ (3.) verwechselte, gab es Ärger.

11. ________________ (1/3) kg Mehl ist mehr als ________________ (1/4).

12. ________________ (1/5) von der Masse ist genug.

13. ________________ (1/4) mal ________________ (1/3) ist ________________ (1/12).

Abschlusstest online 5

Toll! Du hast **Kapitel 5 – Groß- und Kleinschreibung** durchgearbeitet. Dabei hast du wiederholt, wann welche Wortarten groß- oder kleingeschrieben werden und welche Spezialfälle du beachten musst.

So funktioniert der Abschlusstest online:
Um deinen Lernerfolg zu überprüfen, kannst du nun die Tests online machen. Gehe auf
www.klasse5bis10.klett-lerntraining.de/8A9Z
und registriere dich wie vorne im Buch beschrieben.

Welche Tests es gibt, siehst du unten in der Tabelle. Nach jedem Test bekommst du eine Auswertung.

Willst du immer im Blick haben, welche Themen du schon kannst oder was du besser nochmal wiederholen solltest? Dann notiere deine Ergebnisse aus den Abschlusstests in der Tabelle.

Mein Ergebnis im Abschlusstest – Kapitel 5

Thema	Mein Ergebnis
Nomen und Verben	
Adjektive und Eigennamen	
Spezialfälle der Groß- und Kleinschreibung	

6 Getrennt- und Zusammenschreibung

6.1 Getrennt- und Zusammenschreibung von Verben

Verbindungen aus Verb + Verb

1. Wortkombinationen aus zwei Verben werden getrennt geschrieben.
   › laufen lernen, arbeiten kommen, lesen üben
2. Wortkombinationen mit **bleiben** oder **lassen** als zweitem Bestandteil werden getrennt geschrieben.
   Entsteht ein neuer Begriff, wird zusammengeschrieben.
   › sitzen bleiben / sitzenbleiben (= nicht versetzt werden)
   stehen lassen / stehenlassen (= jdn. nicht länger beachten)
   liegen bleiben / liegenbleiben (= unerledigt bleiben)
3. Die Wortkombination **kennen + lernen** kann man getrennt oder zusammenschreiben.
   › kennen lernen / kennenlernen

Verbindungen mit sein, Partizip + Verb

1. Wortkombinationen mit **sein** werden getrennt geschrieben.
   › beisammen sein, fertig sein, los sein, vorbei sein
2. Wortkombinationen aus Partizip + Verb werden getrennt geschrieben.
   › getrennt schreiben, gefangen nehmen, gelegen kommen
   geschützt bleiben, gewinnen lassen, gestützt werden
   singend gratulieren, grüßend voranschreiten

   Aber:
   Gebrauchst du diese Verbindungen aber im übertragenden Sinne, kannst du sie zusammenschreiben.
   › gefangen nehmen (= festnehmen)
   gefangengenommen (= in Bann ziehen)

Aufgabe 1

Hier sind alle Wörter kleingeschrieben und hängen aneinander. Schreibe den Text richtig auf. Entscheide dabei, welche Wortkombinationen aus Verb + Verb auseinander- bzw. zusammengeschrieben werden.

straßenfest

diekanalstraßefeiertindiesemjahrwiedereingroßesstraßenfest. dawirdmane rstwiederspätschlafengehen.aufjedenfallwerdeichmitanna, dieichnichtzuha usesitzenlassenwill, hingehen. dennauchichmöchtenichtdaheimhängenbl eiben, obwohlichgeradeeinbuchlese, dasichsehrschätzenlerne. abervorherw erdeichnochmitmarcbadengehen. deshalbdürfenwirzuhauseunserebade achennichtstehenlassen, obwohlannaheutesagt, wirwerdenwegendervielen leuteamseekeinenplatzfindenundmitunseremvorhabenbadengehen. annawi llsichbiszumfestauchnichtgehenlassen. siewirdihretantevorherindasmus eumgehenlassen, undselbstdurchdenparketwasspazierengehen. alletreffenwirunsdannaufdemfestundwerdenunseinendönerschmeckenl assen. beidenbudenwerdenwirlosekaufenundspielengehenkönnen. werk rankist, mussaberleiderimbettliegenbleiben.

Aufgabe 2

Schreibe die Wörter in Großbuchstaben richtig auf.

Tipp: Achte auf die Getrennt- und Zusammenschreibung.

Der Austauschschüler

Gerrit wird diesen Sommer noch mit seiner Familie ZUSAMMENSEIN, bevor er als Austauschschüler für die USA im Herbst Europa FLIEGENDVERLÄSST. Er wird in New York bei seiner Tante LÄSSIGGRÜSSENDEINZIEHEN, die nicht wütend wird, wenn er zwölf Monate lang durch die Wohnung Hits PFEIFENDLÄUFT. Nicht nur mit ihr wird er durch den Central Park schönes Wetter SPAZIERENDGENIESSEN, sondern ihm wird es sehr GELEGENKOMMEN, wenn er ein amerikanisches Mädchen KENNENLERNEN kann. Er möchte dann zu zweit auf grünem Rasen FAULENZENDLIEGEN. Mit ihrer Hilfe wird er zusammen das Englische ÜBERZEUGENDSPRECHENLERNEN. Abends werden sie dann im Kino am Times Square BEISAMMENBLEIBEN und sich die neuesten Filme BEWUNDERNDANSCHAUEN.

Verbindungen aus Adverb + Verb

Wortkombinationen aus Adverb + Verb werden zusammengeschrieben, wenn die Betonung auf dem Adverb, also auf dem ersten Teil der Verbindung, liegt.

› Bei Regen will unsere Katze **drinnenbleiben**.
  Die Ferien sind schnell **vorübergegangen**.

Manchmal werden Teile der Verbindung, das Adverb und das Verb, betont. Dann schreibst du die Kombination auseinander.

› Obwohl Jonas und Max die besten Freund sind, müssen sie im Turnier **gegeneinander antreten**.
  Wenn man im Team arbeitet, können alle **voneinander lernen**.

Verbindungen aus Adjektiv + Verb

Tipp: Du kannst in diesen Fällen das Adjektiv sinnvoll steigern.

1. Eine Verbindung aus Adjektiv + Verb schreibst du auseinander, wenn das Adjektiv die Umstände näher erläutert und beide Wörter ihre Bedeutung behalten.
   › laut rufen, schnell gehen, fröhlich trällern

Tipp: In diesem Fall kannst du das Adjektiv nicht sinnvoll steigern oder erweitern.

2. Eine Verbindung aus Adjektiv und Verb schreibst du zusammen, wenn sie zusammen eine neue Bedeutung bilden. Die Zusammensetzung kann dann im Sinne einer festen Verbindung aufgefasst werden.
   › krankschreiben (= den Krankenstand feststellen)
   festnageln (= jdn. auf eine Meinung festlegen)
   freisprechen (= den Angeklagten nicht mit Strafe belegen)
   kaltstellen (= jdn. politisch ausschalten)

3. Gibt in der Verbindung das Adjektiv das Ergebnis eines Vorgangs an, das mit dem Verb beschrieben wird, kannst du getrennt oder zusammenschreiben.
   › blank putzen / blankputzen
   glatt hobeln / glatthobeln
   klein schneiden / kleinschneiden
   fein mahlen / feinmahlen

Aufgabe 3

Kombiniere jeweils ein Verb und ein Adverb so, dass ein sinnvolles neues Wort entsteht. Probiere es aus!

A Adverb	B Verb	
~~zugute~~	bleiben	zugutekommen
vorwärts	lesen	
anheim	stehen	
aneinander	~~kommen~~	
vorlieb	fallen	
draußen	machen	
zunichte	gehen	
abhanden	nehmen	
quer	legen	
zuteil	stehen	
nebeneinander	kommen	
beiseite	stehen	

Aufgabe 4

Ergänze die Appelle (Aufforderungen, Befehle, Wünsche) mit den angegebenen Adjektiven und Verben. Entscheide dabei, ob du getrennt oder zusammenschreibst.

schwer, schachmatt, ~~schmutzig~~, schön, laut, schwarz, leer, kaputt, leicht, kürzer, kaputt

1. Du sollst dich nicht schmutzig machen. (machen)
2. Onkel Wolfgang, Ben wird dich heute beim Spiel ______________________ ______________________. (setzen)
3. Teure Vasen sollte man nicht ______________________. (machen)
4. Achtung: Auf der Treppe kann man sehr ______________________. (fallen)
5. Eltern predigen immer, du sollst deinen Teller ______________________. (essen)
6. Bei diesem Vortag musst du ______________________. (reden)
7. Dein Sparschwein wirst du ______________________ (machen) müssen, wenn du shoppen gehst.
8. Den Berg hinaufzusteigen, wird dir ______________________. (fallen)
9. Du darfst in der Straßenbahn nicht ______________________. (fahren)
10. Oma, du musst nach deiner Krankheit ______________________. (treten)
11. Du sollst immer ______________________. (schreiben)

Aufgabe 5

Wähle eine sinnvolle Wortkombination aus und ergänze sie in der richtigen Schreibweise.

schlechtmachen / schlecht machen, kaltstellen / kalt stellen, hochschätzen / hoch schätzen, haftenbleiben / haften bleiben, reinwaschen / rein waschen, weichkochen / weich kochen, sauermachen / sauer machen

1. Warum musst du andere immer ______________________.

   Wie kannst du deine Arbeit nur so ______________________.

2. Der Präsident wird die eingeladenen Gäste persönlich ______________.

   Kunstexperten werden das Gemälde auf der diesjährigen Auktion ________

   ____.

3. Klinix wird die Wäsche durch und durch ______________________.

   Trotz der Steuerhinterziehung wird sich die Geschäftsführung vor Gericht

   ____.

4. Die Chemielehrerin wird die Lösung heute im Unterricht ______________.

   Wenn Daniel heute Abend nicht kommt, wird er Marie sehr ____________.

5. Die Fraktion wird den Bundesminister im Parlament schon ____________.

   Obwohl Tom erstmals kocht, wird er den Blumenkohl schon ____________.

6. Das Erlebnis wird uns im Gedächtnis ______________________.

   Das Poster wird mit dem Klebeband an der Wand sicher ______________.

7. Die Limo musst du bei 37° im Schatten aber ______________________.

   Deinen Konkurrenten in der Wahl musst du einfach ______________.

Verbindungen aus Nomen + Verb

1. Wortverbindungen aus Nomen + Verb kann man getrennt schreiben.
   › Maß halten, Not leiden

   Wird diese Wortverbindung nominalisiert (als Nomen gebraucht), schreibt man sie zusammen und groß.
   › das Radfahren, das Klavierspielen

2. Es gibt Wortkombinationen aus Nomen + Verb, die man zusammen und kleinschreibt. Hier ist die Bedeutung des Nomens („Lob") verblasst und die Tätigkeit (Handlung) in den Vordergrund gerückt.
   › teilnehmen (= Teil + nehmen), lobpreisen (= Lob + preisen)
   handhaben (= Hand + haben)

Merke:
Es gibt auch Zusammensetzungen, bei denen ein Verb mit einem „Wort(-Rest)" so fest verbunden ist, dass man es vom Verb nicht trennt.
Präge dir solche Beispiele ein.

› Du sollst nicht immer wehklagen.
Aber: Was nützt es, stets weh zu klagen.
› Dieses Geheimnis sollst du nicht preisgeben.
Aber: Gib dieses Geheimnis nicht preis!
› Wer schlafwandelt, geht im Schlaf umher.
› Nicht jeder kann gut bruchrechnen.
› Sie mussten die Teile punktschweißen.
› Mit dem Geld musst du gut haushalten.

Verbindungen aus Präposition + Verb

Verbindet sich ein Verb mit einer **Präposition** (Verhältniswort), so schreibt man beides zusammen.
› übertreten, anfahren, abbrechen, untersuchen

Aufgabe 6

Verbinde Nomen und Verben und schreibe sie wie im Beispiel auf.

waschen / ~~Rad~~ / laufen / Schlitten / Eis / Pleite / fahren / Teppich / machen / Maß / klopfen / Steine / halten / Halt / fahren / Auto / Not / Wäsche / klopfen / ~~fahren~~ / tun / gehen

Rad fahren, …

Aufgabe 7

Bilde zusammengesetzte Wörter aus Präposition und Verb. Wenn du wie beim Schach mit dem Pferd springst, kannst du viele Zusammensetzungen bilden. Schreibe die Wörter auf.

Tipp: Also „springe": 2 Felder waagerecht, 1 Feld senkrecht oder 2 Felder senkrecht und 1 Feld waagerecht.

fahren	starten	sehen	treten	hassen	lassen
passen	machen	geben	hören	warten	lesen
werfen	über	weilen	trinken	an	bügeln
rüsten	essen	brechen	sagen	töten	singen
treten	schießen	gehen	zeigen	fallen	wenden
gießen	ab	salzen	würzen	vor	mögen
schalten	wünschen	halten	schließen	rechnen	kaufen
warten	kochen	reißen	stellen	raten	schreiben

machen	reimen	geben	schreiben	schreiten	suchen
tanzen	schmecken	kommen	rufen	tasten	fühlen
summen	auf	leben	stillen	unter	schlecken
suchen	kitzeln	wählen	bringen	stärken	blicken
kochen	streicheln	lösen	werfen	strafen	ziehen
kämmen	aus	lehren	fehlen	hin	lernen
drehen	brauchen	schauen	weinen	schlagen	backen
werten	stürzen	weisen	gehen	lachen	richten

6.2 Getrennt- und Zusammenschreibung von Adjektiven und Partizipien

Verbindungen mit Adjektiven

Zusammen schreibst du:

- Wortverbindungen aus Adjektiv + Adjektiv.
  › feuchtwarm (= feucht + warm)
  taubstumm (= taub + stumm)
- Wortkombinationen aus Nomen + Adjektiv.
  › felsenfest (= Felsen + fest)
  steinhart (= Stein + hart)
- Wortverbindungen aus einem Verbstamm und einem Adjektiv.
  › wissbegierig
  gehbehindert

Verbindungen mit Partizipien

- Wortverbindungen aus Adjektiv + Partizip schreibst du getrennt.
  Aber: Zusammenschreibung ist auch korrekt.
  › nahe liegend / naheliegend
  deutsch sprechend / deutschsprechend
  froh gestimmt / frohgestimmt
  allein erziehend / alleinerziehend
- Wortkombinationen aus Nomen + Partizip kannst du getrennt oder zusammen schreiben.
  › Aufsehen erregend / aufsehenerregend
  Not leidend / notleidend
  Achtung: In Verbindung mit sein oder tun wird „not" kleingeschrieben.

Aufgabe 8

Diese Wortbausteine lassen sich so miteinander kombinieren, dass zusammengesetzte Adjektive entstehen, wie z. B. „taubstumm“ oder „dunkelbraun“. Schreibe sie auf.

feucht	bitter	tief	schwer
dumm	lau	nass	bitter
halb	~~taub~~	hell	gut
zart	bitter	ernst	böse
leicht	warm	kalt	hoch
früh	aktuell	~~dunkel~~	rund
voll	blau	fertig	~~stumm~~
krank	dreist	reif	neu
bitter	~~braun~~	warm	kalt
bürgerlich	blond	schlank	artig

taubstumm, dunkelbraun

Aufgabe 9

Es gibt viele Adjektive, die durch Zusammensetzung mit einem Nomen entstehen. Man schreibt sie zusammen. Bilde solche zusammengesetzten Adjektive.

	Nomen	+	Adjektiv	=	zusammengesetztes Adjektiv
1.	Felsen	+	fest	=	felsenfest
2.	Eis	+	kalt	=	eiskalt
3.	Gras	+	grün	=	
4.	Alter	+	schwach	=	
5.	Butter	+	weich	=	
6.	Kinder	+	reich	=	
7.	Stein	+	hart	=	
8.	Nerven	+	stark	=	
9.	Blitz	+	blank	=	
10.	Fehler	+	frei	=	
11.	Nagel	+	neu	=	
12.	Meter	+	hoch	=	
13.	Maul	+	faul	=	
14.	Brand	+	neu	=	
15.	Aal	+	glatt	=	
16.	Glas	+	klar	=	
17.	Riese(n)	+	groß	=	
18.	Tau	+	frisch	=	
19.	Rost	+	rot	=	
20.	Leben	+	fremd	=	

Aufgabe 10

Es gibt Adjektive, die sich mit einem Verb(-Stamm) zu einem neuen Adjektiv verbinden. Kombiniere die Verbstämme so mit einem Adjektiv, dass sinnvolle Wortverbindungen entstehen.

Verbstämme

lese | bügel | ~~denk~~ | stoß

leb | röst | geh | wiss

treff | schlag | pflege | werbe

Adjektive

1. ____denk faul
2. ________ begierig
3. ________ fertig
4. ________ leicht
5. ________ fest
6. ________ los
7. ________ wirksam
8. ________ frisch
9. ________ freundlich
10. ________ behindert
11. ________ sicher
12. ________ frei

Aufgabe 11

Adjektive können eine Verbindung mit Partizipien eingehen.

Beispiele: Er hat **gut gespielt**. Sie ist **ganz verwirrt**.

Adjektiv + Partizip Adjektiv + Partizip

Hier sind Verbindungen vertauscht worden. Streiche die falsch eingesetzte Wortkombination und schreibe die richtige auf die Schreiblinien.

1. Ostereier sind ~~gut geschnitten~~ bunt gestreift.
2. Die Eier sind zu hart getroffen ________.
3. Der Rasen ist fett gedruckt ________.
4. Sie wurden vom Schicksal festlich geschmückt ________.
5. Wichtige Wörter werden auffallend bleich ________.
6. Er betrat das Rednerpult weich gekocht ________.
7. Sein Vorschlag war nicht ~~bunt gestreift~~ ________.
8. Der Anzug ist ernst gemeint ________.
9. Die Tür ist herzlich willkommen ________.
10. Er hieß sie weit geöffnet ________.
11. Der Saal war blau gestreift ________.

Aufgabe 12

Vervollständige die Sätze, indem du jeweils eine passende Wortkombination aus Nomen und Partizip einsetzt. Du kannst die Verbindungen auseinander- oder auch zusammenschreiben.

Ekel erregend – Blut stillend – ~~Metall verarbeitend~~ – Asyl suchend – Not leidend – Respekt einflößend – Gewinn bringend – Walzer tanzend – Rat suchend – Lieder grölend – Erdöl exportierend – Feuer speiend

1. Streik in der *Metall verarbeitenden / metallverarbeitenden* Industrie.
2. Den ______________________ Kindern muss geholfen werden.
3. Das ______________________ Geschäft ist geplatzt.
4. Ein ______________________ Paar landete auf Platz 1.
5. Ist das ______________________ Mittel wirksam?
6. Es erschienen ______________________ Filmszenen.
7. Es wurden viele ______________________ Fans festgenommen.
8. Es gibt viele ______________________ Menschen auf der Welt.
9. Die ______________________ Länder haben die Preise erhöht.
10. In Fantasy-Romanen kommen oft ______________________ Drachen vor.
11. Für ______________________ Bürger hat das Rathaus immer geöffnet.
12. Der Sturm hatte eine ______________________ Stärke.

6.3 Zusammenschreibung von Nomen

Nomen können feste Verbindungen eingehen

- mit anderen Nomen.
  › Fensterbrett, Halsschlagader
- mit Adjektiven.
  › Rotlicht, Billigangebot
- mit Verbstämmen.
  › Laufgitter, Knallfrosch
- mit Zahlwörtern.
  › Zehnkampf, Vierteljahr
- mit Präpositionen und dergleichen.
  › Sofortprogramm, Zwischenmahlzeit

Aufgabe 13

Bilde zusammengesetzte Wörter wie im Beispiel.

Entsprechungen	Zusammensetzung
1. Geschrei der Kinder	*Kindergeschrei*
2. Schuhe der Kinder	
3. Tor zum Garten	
4. Tag im Juli	
5. Tränen aus Freude	
6. Bonbon gegen Husten	
7. Buch über Indianer	
8. Glas für Wein	
9. Vers von Goethe	

Aufgabe 14

Bilde 15 Nomen, die sich aus Wörtern der Spalten A – C zusammensetzen. So ergibt z. B.: „Hand“ A + „Puppe“ B + „Spiel“ C das mehrteilige Wort „Handpuppenspiel“. Notiere die Wörter.

A	B	C
Hals	Brot	Ader
~~Hand~~	Tauben	Werk
Haar	Schrank	Stück
Butter	Schlag	Heizung
Wasser	Trieb	Papier
Zauber	Feuer	Decke
Licht	~~Puppen~~	Signal
Brief	Kunst	Macher
Fuß	Haar	~~Spiel~~
Gas	Spray	Knacker
Raketen	Ball	Polizei
Fuß	Schritt	Post
Kamel	Schutz	Zeug
Herz	Hupen	Dose
Geld	Boden	Verein

Aufgabe 15

Bilde Nomen, die mit einem Adjektiv zusammengesetzt sind.

Beispiel: Adjektiv + Nomen = zusammengesetztes Nomen

~~rot~~ + Angebot = Rotlicht

klein + Straße = ___

schnell + ~~Licht~~ = ___

Glanz hoch + = ___

Kind billig + = ___

Sprache leer + = ___

Stift niedrig + = ___

geheim + Gut = ___

weiß + leer + = ___

Wasser Brot = ___

Aufgabe 16

Hier siehst du Zusammensetzungen, aus einem Nomen und einem Adjektiv oder Verbstamm bestehen. Zerlege die Nomen wie im Beispiel.

Beispiel: „Kaugummi" = *kau(en) + Gummi*

1. Schutzimpfung = ____________ + ____________
2. Sprühdose = ____________ + ____________
3. Herzschwäche = ____________ + ____________
4. Stehkragen = ____________ + ____________
5. Reimwort = ____________ + ____________
6. Nasenlänge = ____________ + ____________
7. Haaresbreite = ____________ + ____________
8. Knallfrosch = ____________ + ____________
9. Bohrloch = ____________ + ____________
10. Schuhgröße = ____________ + ____________
11. Küstennähe = ____________ + ____________
12. Bettschwere = ____________ + ____________
13. Wassertiefe = ____________ + ____________
14. Nagezahn = ____________ + ____________
15. Laufgitter = ____________ + ____________
16. Stichwort = ____________ + ____________
17. Gewitterschwüle = ____________ + ____________

Aufgabe 17

Sieh dir die „Wortgleichungen" an und vervollständige die Lücken. Achte dabei auf die Groß- und Kleinschreibung.

1. eine Viertelstunde	=	ein Viertel	+	Stunde
2. ein Jahrzehnt	=	ein ________	+	zehn
3. der ______________	=	drei	+	Kampf
4. der Zweitwagen	=	________	+	Wagen
5. ein ______________	=	ein Viertel	+	Pfund
6. eine Sechzehntelnote	=	sechzehn	+	________
7. das ______________	=	drei	+	Eck
8. ein Achtelliter	=	ein ________	+	Liter
9. eine ______________	=	zwölf	+	Packung
10. das ______________	=	drei	+	Gespann

Aufgabe 18

Bilde Zusammensetzungen aus den angegebenen Präpositionen und Nomen.

nach +	
Sicht	*Nachsicht*
Ruf	______________
Saison	______________
Name	______________
Mittag	______________

über
+

Stunde	*Überstunde*
Fall	
Sicht	
Druck	
Fluss	

unter
+

Geschoss	*Untergeschoss*
Rock	
Miete	
Grund	
Stellung	

zwischen
+

Deck	*Zwischendeck*
Zeit	
Raum	
Bemerkung	
Händler	

6.4 Getrennt- und Zusammenschreibung von Straßennamen

Namen von Straßen oder Plätzen sind oft Zusammensetzungen, die aus einem Bestimmungswort (1. Teil) und einem Grundwort (2. Teil) bestehen.

Kanalstraße

Bestimmungswort Grundwort

Die Namen von Straßen, Plätzen und dergleichen schreibt man:

- mit dem Grundwort (2. Wort) **zusammen**, wenn das Bestimmungswort (1.Wort) undekliniert (ungebeugt) ist.
  Bei vielen „Straßennamen" lautet das Grundwort: -straße, -gasse, -allee, -platz, -ufer, -damm, -weg, -graben, -tor, -brücke usw.
  › Mozartstraße, Tunnelweg, Schillerallee, Sperlingsgasse

- vom Grundwort **getrennt**, wenn das Bestimmungswort dekliniert ist, was oft an den Endungen **-er** und **-isch** zu erkennen ist.
  › Neuer Markt (aber: Neumarkt)
  Emser Straße (aber: Emsstraße)
  Bergische Straße (aber: Bergstraße)

- mit Bindestrich, wenn es mehrere Bestimmungswörter gibt und „Übersicht" behalten werden soll.
  › Freiherr-v.-Stein-Straße
  Konrad-Adenauer-Allee

- getrennt und ohne Bindestrich, wenn sie mit einer Präposition gebildet werden; alle Wörter bis auf den Artikel schreibt man hier groß.
  › Am Grünen Ufer
  Unter den Linden
  Im Grund
  Zur Alten Festung

Aufgabe 19

In dieser Bekanntmachung sind fälschlicherweise alle Straßen- und Plätzenamen zusammengeschrieben worden. Schreibe alle Namen richtig auf.

Bekanntmachung

Wegen des Himmelfahrtstages am 26. 05. 2022 wird die Müllabfuhr in der nächsten Woche in den folgenden Straßen auf Donnerstag, den 19. 05. 2022 vorverlegt:

Berlinerallee, Hohestraße, Marktplatz, Unterdeneichen, Ratingertor, Kirchplatz, Krummerweg, Mühlenstraße, Neuerrathausplatz, Altekölnerstraße, Schillerplatz, Kurzstraße, Luisenstraße, Rheinpromenade, Bismarckstraße, Kaiserwilhelmallee, Herderstraße, Mertensgasse, Königsallee, Grafadolfplatz, Heinrichheineallee, Theodorheußplatz, Grafenbergerallee, Brehmplatz, Kaiserswertherstraße, Staufenplatz, Amrheinufer

Düsseldorf, den 14. 04. 2022

gez.
Der Oberstadtdirektor

A zusammen	B getrennt	C mit Bindestrich
Marktplatz	Berliner Allee	Kaiser-Wilhelm-Allee

6.5 Einzelfälle der Getrennt- und Zusammenschreibung

Zusammensetzungen mit -irgend

Mehrteilige Adverbien, Konjunktionen, Präpositionen und Pronomen mit **irgend-** schreibt man immer zusammen.
› irgendetwas, irgendwie, irgendwann

Konjunktionen

Konjunktionen (Bindewörter), die sich aus mehreren Wortarten zusammensetzen, schreibst du immer zusammen.
› soviel, solang, soweit, sofern, indem, seitdem, nachdem
Soviel ich weiß, hat der Tatverdächtige die Tat gestanden.
Ich gehe zum Training, nachdem ich die Hausaufgaben gemacht habe.

Wortverbindungen, die gleich lauten, aber **keine Konjunktionen** sind, werden dagegen getrennt geschrieben.
› So viele Freunde habe ich gar nicht eingeladen.
Nach dem Training treffen sich alle.

Ausnahme:
Die Konjunktion **sodass/so dass** kannst du ohne Bedeutungsunterschied zusammen- oder auseinanderschreiben.

Aufgabe 20

Bilde Wörter mit „irgend".

irgend +
- wohin ____________________
- woher ____________________
- jemand ____________________
- wann ____________________
- einer ____________________
- eins ____________________
- etwas ____________________

Aufgabe 21

Setze die richtige Form ein.

soviel, so viele, soweit, so weit, solange, so lange, sobald, so bald

1. Er kommt heute nicht, ________________ ich weiß.

   ________________ Menschen auf einem Platz habe ich noch nie gesehen.

2. ________________ ich weiß, hat er heute frei.

   Er sprang ________________ wie ein Känguru.

3. ________________ ich hier bin, geht keiner nach Hause.

   Das halte ich nicht ________________ aus, das ist langweilig.

4. ________________ ich lache, bekomme ich Schluckauf.

   Diese Veranstaltung wird ________________ nicht zu Ende sein.

Aufgabe 22

Bei den folgenden Wortverbindungen aus Nomen (die verblasst sind) und Präpositionen ist sowohl Getrennt- als auch Zusammenschreibung möglich. Schreibst du getrennt, musst du das Nomen großschreiben.

1. „außerstande sein"/ *außer Stande sein*

   (etwas nicht tun können)

2. „zutage bringen"/ *zu Tage bringen*

   (etwas sichtbar machen)

3. „imstande sein"/ ________________

   (fähig sein, etwas zu tun)

4. „instand setzen"/ ________________

   (ausbessern; wieder herstellen)

5. „zuleide tun"/ ________________

   (jemandem eine Verletzung zufügen)

6. „infrage stellen"/ ________________

   (ungewiss sein; etwas anzweifeln)

7. „zumute sein"/ ________________

   (in einer … Stimmung sein)

6.6 Schreibung mit Bindestrich

Der Bindestrich soll das Lesen und Schreiben langer (Wort-)Zusammensetzungen erleichtern.

1. Man setzt einen Bindestrich in Zusammensetzungen mit Einzelbuchstaben, Abkürzungen oder Ziffern.
   › s-Laut, A-Dur, Schluss-s, E-Lok
   UKW-Sender, Kfz-Papiere, Abt.-Leiter
   5-mal, 4-silbig, 17-jährig, 100-prozentig
   Aber: 8fach, ein 32stel, der 68er

2. Um Wiederholungen zu vermeiden, ersetzt der Bindestrich in Zusammensetzungen das Grund- oder Bestimmungswort.
   › Orts- und Ländernamen, Möbelan- und -verkauf
   saft- und kraftlos

3. Ein Bindestrich steht häufig zwischen aneinandergereihten Nomen und Zusammensetzungen mit Adjektiven.
   › Bayern-Trainer, Europapokal-Nacht, Magen-Darm-Beschwerden
   Rot-Weiß-Essen, Blau-Weiß-Neuss (Vereine)
   Schwarz-Rot-Gold (Nationalfarben)

4. Einen Bindestrich setzt man zwischen aneinandergereihte, nicht gleiche Wortarten und -gruppen.
   › der Pro-Kopf-Verbrauch
   das Hand-in-Hand-Gehen
   das In-den-Tag-hinein-Träumen

5. Ein Bindestrich steht in Zusammensetzungen und Ableitungen, die „Eigennamen" als Bestandteile erhalten.
   › Bergisch-Märkische-Eisenbahn, Dortmund-Ems-Kanal
   Konrad-Adenauer-Ring

6. Ein Bindestrich steht in Zusammensetzungen („Anglizismen") mit Einzelbuchstaben, Kurzwörtern und Ziffern.
   › T-Shirt, T-Bone-Steak
   Make-up, Play-off-Runde, Blow-up, bye-bye, fifty-fifty

7. Ein Bindestrich erscheint oft in Zusammensetzungen mit dem Pronomen „ich", wenn es nominalisiert wird. Hier kann er aber auch entfallen.
   › (die) Ich-Form / Ichform
   Ich-Sucht / Ichsucht
   Ich-Erzählung / Icherzählung

8. Ein Bindestrich dient auch manchmal dazu, ein Wort „lesbar" und unmissverständlich zu machen.
   › Kaffee-Ersatz, See-Elefant
   Musik-Erleben (im Vergleich zu Musiker-Leben)

Aufgabe 23

Ergänze in diesen Ausdrücken die Bindestriche.

10-ml-Probe	Vitamin-E-Mangel
DIN A 4 Blatt	Hepatitis B Viren
20 km Gehen	2 Phasen Reiniger
WC Spülung	40 Liter Grasfangkorb
ph Wert 5,5	50 Zaletta Stufen Stehleitern
UV Schutz	Regenwasser Nutzungssysteme
Profi Tipp	Prüf Zertifikat
Make-up	Energiespar Mitbau Haus
Mini Abo	Eis und Latschenkiefer Massage Gel
Top Model	Herz Schutz Kapseln
Euro Check	Kupfer Quarz Rosmarin Tropfspray
Film GmbH	
Spar Tarif	
XYZ Report	

Aufgabe 24

In den Sätzen stehen Zusammensetzungen, die man mit Bindestrich schreibt. Ergänze die fehlenden Bindestriche.

1. Das ist ein 2-silbiges Wort.
2. Vergiss nicht immer den I Punkt!
3. Sie buchte eine 14 tägige Reise.
4. Er hat auffallend starke O Beine.
5. Sie machte eine 4 Tage Diät.
6. Er hatte einen 16 Stunden Tag.
7. Ein 50 jähriger Mann verunglückte.
8. Die Gruppe besaß ein starkes Wir Gefühl.
9. Die Hin und Rückfahrt verlief reibungslos.
10. Im Buch werden Luft, Land und Wassertiere erwähnt.
11. Er brauchte dringend den Erste Hilfe Kasten.
12. Es war zum Aus der Haut Fahren.
13. Schon während des Brands wurde die Feuer Versicherungs Anstalt informiert.
14. Der Abt. Leiter hieß Müller Neumann.
15. Er besuchte das Alexander von Humboldt Gymnasium.
16. Nach dem Auftritt der Ballett Truppe spielte das Zoo Orchester.
17. Sie glaubte nicht an die „Anti Falten Wirkung" dieser Creme.
18. Wörter wie Tee Ei, Tee Ernte, Schnee Ente und Kaffee Ersatz werden oft mit Bindestrich geschrieben.

Abschlusstest online 6

Super! Du hast **Kapitel 6 – Getrennt- und Zusammenschreibung** durchgearbeitet.
Du weißt, welche Regeln du bei der Getrennt- und Zusammenschreibung beachten musst, und diese nicht ganz einfachen Regeln in vielen Übungen trainiert.

So funktioniert der Abschlusstest online:
Um deinen Lernerfolg zu überprüfen, kannst du nun die Tests online machen.
Gehe auf
www.klasse5bis10.klett-lerntraining.de/8A9Z
und registriere dich wie vorne im Buch beschrieben.

Welche Tests es gibt, siehst du unten in der Tabelle. Nach jedem Test bekommst du eine Auswertung.

Willst du immer im Blick haben, welche Themen du schon kannst oder was du besser nochmal wiederholen solltest? Dann notiere deine Ergebnisse aus den Abschlusstests in der Tabelle.

Mein Ergebnis im Abschlusstest – Kapitel 6

Thema	Mein Ergebnis
Verben	
Adjektive und Partizipien	
Nomen	
Straßennamen; Einzelfälle; Schreibung mit Bindestrich	

7 Zeichensetzung

7.1 Satzschluss- und Anführungszeichen

Satzschlusszeichen

Es gibt drei Satzschlusszeichen.

1. Der Punkt schließt eine Aussage.
   › Es regnet.
   Er kommt morgen.

2. Das Fragezeichen steht nach direkten (aber nicht nach indirekten) Fragen.
   › direkte Frage: Kommst du heute Mittag?
   indirekte Frage: Ich fragte, ob er heute oder morgen käme.

3. Das Ausrufezeichen steht nach Ausrufen, Wünschen und Befehlen.
   › Schade!
   Hoffentlich scheint bald die Sonne!
   Beeile dich bitte!

Satzzeichen bei der wörtlichen Rede

Die wörtliche (direkte) Rede wird in schriftlichen Texten durch Anführungszeichen kenntlich gemacht. Am Anfang stehen sie unten, am Ende oben. Anführungszeichen am Ende einer Rede stehen nach dem Satzschlusszeichen, wenn dieses Teil der Aussage ist.
Die wörtliche Rede wird meist von Redebegleitsätzen (Sprecherangaben) begleitet. Diese können vor, zwischen oder nach der wörtlichen Rede stehen.

1. Die wörtliche Rede steht nach dem Begleitsatz.
   › Er sagte: „Morgen gehe ich schwimmen."
   ....: „________________!"
   ....: „________________?"

WISSEN ÜBEN TESTEN

2. Die wörtliche Rede steht vor dem Begleitsatz und wird mit Komma abgetrennt.
   › „Morgen werde ich schwimmen gehen.“, sagte er.
   „______________________________?“, ...
   „______________________________!“, ...

3. Der Begleitsatz ist in die wörtliche Rede eingeschoben. Er wird mit Kommas abgetrennt.
   › „Ja“, antwortete sie, „ich komme mit.“
   „__“, ..., „______________?“
   „__“, ..., „______________!“

Aufgabe 1

In der Fabel fehlen alle Satzzeichen. Lies den Text laut und versuche, ihn zu verstehen. Ergänze dann die Anführungs- und Satzzeichen.

Der Fuchs und der Ziegenbock

Ein Fuchs fiel in einen tiefen Brunnen Er hoffte darauf dass jemand kam der ihm heraushalf
Als ein Ziegenbock den Fuchs entdeckte rief dieser Hilf mir hier heraus Der Bock fragte ob das Wasser dort unten gut sei Ja antwortete der Fuchs komm doch herab und probiere es
Der Ziegenbock zögerte etwas doch dann kletterte er hinab Und er trank von dem köstlichen Nass
Nicht mehr durstig fragte er den Fuchs Wie kommen wir wieder hinauf Der Fuchs erklärte es ihm Der Bock sollte sich auf die Hinterbeine stellen die Vorderbeine gegen die Wand stemmen und seine Hörner aus dem Brunnen herausstrecken Dann werde ich über deinen Rücken hinaufklettern und dir sofort heraushelfen so der Fuchs
Der Ziegenbock tat was man ihm geraten hatte Oben angelangt tanzte der Fuchs vor Freude Er verhöhnte den Bock wegen seiner Dummheit Ich werde mich an dir rächen schrie der Bock Darüber lachte der Fuchs und antwortete Wenn du so viele Gedanken hättest wie Haare in deinem Bart dann wärst du nicht heruntergestiegen ohne zu überlegen wie du wieder herauskommst

nach Aesop

Aufgabe 2

Auch in der kleinen Erzählung fehlen alle Zeichen. Ergänze sie.

Zwei Schnecken

Zwei Schnecken lebten an einem Bahndamm und ärgerten sich über einen Schnellzug Wenn er wieder vorüberbraust sagte die eine dann hole ich ihn von den Gleisen Richtig meinte die andere diesem Lümmel werden wir es zeigen Dann stellten sich beide zwischen die Schienen und schrien grimmigen Mutes Niederstoßen werden wir dich Der Zug brauste heran und über sie hinweg Er reißt aus brüllte die eine Dieser Feigling empörte sich die andere Schnecke

7.2 Komma in Satzreihen und Satzgefügen

Das Komma bei Aufzählungen und zwischen Hauptsätzen

Ein Komma steht:

1. bei Aufzählungen gleichrangiger Wörter bzw. Satzteile, wenn sie nicht durch ein „und“, „sowie“ oder „oder“ verbunden sind.

   › Er kaufte Brot, Eier, Zucker, Quark und Milch.
   Er besaß eine große, fein gegliederte, ruhige Hand.
   Sie rannten, tobten, schrien und liefen durcheinander.

2. bei Aufzählungen gleichrangiger Wortgruppen.

   › Es kamen alte und junge, reiche und arme Menschen.
   Es vergingen Stunden und Tage, Wochen und Monate.
   Die Menschen handeln nach Liebe oder Hass, Schmerz oder Freude, Furcht oder Hoffnung.

3. zwischen gleichrangigen Teil- bzw. Hauptsätzen, wenn sie nicht durch die Konjunktionen „und“, „oder“ verbunden sind.

   › Die Musik ertönte, der Vorhang hob sich, das Spiel begann.
   Wir bauen die Zelte auf, wir kümmern uns um die Verpflegung.

   Bei der Verbindung von Hauptsätzen mit „und“, „oder“ usw. muss kein Komma gesetzt werden. Man kann jedoch ein Komma setzen, wenn man die Gliederung der Satzreihe deutlich machen will.

   › Ich fotografiere die hohen Berge (,) und Klara liegt in der Sonne.

   Diese Regel gilt auch, wenn die Hauptsätze durch Wörter wie „beziehungsweise, sowie, entweder - oder, nicht - doch - doch, weder - noch, sowohl - als auch“ miteinander verbunden werden.

Tipp:
Einen **Hauptsatz erkennst du** daran, dass er in der Regel mindestens aus einem Subjekt (Satzgegenstand) und einem Prädikat (Satzaussage) besteht und sinnvoll allein stehen kann.

Das Komma zwischen Haupt- und Nebensätzen, bei Infinitiv- und Partizipgruppen

1. **Hauptsätze** (HS) und **Nebensätze** (NS) werden durch ein Komma voneinander abgegrenzt. Der Hauptsatz kann nachgestellt, vorangestellt oder eingeschoben sein.

   a) Er kam zu spät, weil es regnete.
   HS NS

   b) Nachdem wir gefrühstückt hatten, brachen wir auf.
   NS HS

   c) Ich werde das, was du für uns getan hast, nie vergessen.
   HS/Teil 1 NS HS/Teil 2

   Beachte:
   Einen **Nebensatz erkennst du** daran, dass er allein keinen Sinn ergibt und das Verb immer am Ende steht.

2. **Infinitivgruppen** musst du durch Kommas abgrenzen, wenn sie durch die Wörter „um, ohne, als, (an)statt, außer" eingeleitet werden.
   › Er stellte seinen Wecker, **um** nicht zu spät zu kommen.

   Auch Infinitivgruppen, die durch ein hinweisendes Wort angekündigt oder wieder aufgenommen werden, musst du auch ein Komma setzen. Ebenso steht ein Komma, wenn die Gruppe von einem Nomen abhängt.
   › Er dachte nicht **daran,** den Wasserhahn zu schließen.
   Endlich ging ihr **Traum,** in die Theater-AG aufgenommen zu werden, in Erfüllung.

   Ist der Infinitiv nicht durch eine nähere Bestimmung erweitert oder fehlt ein hinweisendes Einleitewort, musst du kein Komma setzen.
   › Der Plan meiner Eltern (,) umzuziehen (,) gefällt mir.

3. Wird eine **Partizipgruppe** durch ein hinweisendes Wort angekündigt oder wieder aufgenommen, musst du ein Komma setzen. In allen anderen Fällen ist es dir freigestellt, ein Komma zu setzen.
   › Durch einen Saft gestärkt, **so** beginne ich den Wettlauf.
   Durch einen Saft gestärkt (,) beginne ich den Wettlauf.

Tipp:
Oft werden Nebensätze auch durch Konjunktionen (da, weil, obwohl, trotzdem, als, seit, sobald, wenn, umso, damit, dass …) oder Relativpronomen (der, die, das, welcher, welche, welches, wer, was) eingeleitet.

Aufgabe 3

Ergänze alle fehlenden Kommas.

1. Um das Regal aufbauen zu können braucht man einen Inbus-Schlüssel Schrauben und eine Wasserwaage.
2. In den Ferien werden wir jeden Tag ausschlafen radeln wandern und schwimmen gehen.
3. Hunde Katzen Pferde Delfine gehören zu den Säugetieren.
4. In der Jugendpension trafen wir viele Briten und Franzosen Schweden Dänen und Norweger.
5. Alle halfen bei den Vorbereitungen für unser großes Schulfest: Schüler Lehrer Eltern.

Aufgabe 4

Verknüpfe mit den angegebenen Konjunktionen (Bindewörter) die Sätze so, dass Verbindungen aus zwei Hauptsätzen entstehen. Achte darauf, dass keine Satzglieder verloren gehen und gib jeweils an, an welcher Stelle ein Komma stehen kann.

und **entweder ... oder** **oder**

1. Wollt ihr lieber Eis essen? Möchtet ihr eher Limonade trinken?
   Wollt ihr lieber Eis essen (,) oder möchtet ihr eher Limonade trinken?
2. Wir gewinnen das Spiel. Wir werden das Spiel verlieren.

   ___
3. Max liest ein Buch. Dominik malt ein Bild.

   ___

4. Der Baum muss gefällt werden. Er wird umstürzen.

___

5. Der Gong ertönt. Alle Schüler gehen in die Klassen.

___

6. Er liest ein Buch. Er schreibt einen Brief.

___

7. Dieses Gerät ist praktisch. Es ist preiswert.

___

8. Lass mich in Ruhe! Ich gehe nach Hause.

___

Aufgabe 5

Unterstreiche in den Satzgefügen die Nebensätze und trage die fehlenden Kommas ein.

1. Sie liefen so schnell sie konnten um den Zug nicht zu verpassen.
2. Weil die Straßen vereist waren kamen sie nur langsam voran.
3. Nils hat versprochen morgen sein Zimmer aufzuräumen.
4. Der Fahrradkorb der nicht richtig befestigt war fiel herunter.
5. Wenn es nicht regnet wollen wir heute Abend im Garten grillen.
6. Es war schon spät am Abend als wir das Feriencamp erreichten.
7. Fast hätte ich nicht daran gedacht dass die Chorprobe heute ausfällt.
8. Jonas stellt seinen Wecker damit er morgen nicht verschläft.

Aufgabe 6

Ergänze alle Kommas. Wenn nicht unbedingt ein Komma stehen muss, klammere es ein.

1. Daran den Job zu kündigen dachte sie nicht.
2. Ein schnelles Auto zu fahren dies war sein größter Wunsch.
3. Wie gestern angekündigt schreiben wir heute einen Vokabeltest.
4. Er hatte nicht erwartet so erschöpft zu sein.
5. Er statt zu helfen sah tatenlos zu.
6. Von der Dunkelheit plötzlich überrascht verlor er die Orientierung.
7. Dazu endlich Farbe zu bekennen hatte er keinen Mut.
8. Ratlos umherirrend suchte er nach dem Hotel.
9. Sie trug einen dicken Schal um sich nicht zu erkälten.
10. Er ging über die Straße ohne nach links und rechts zu schauen.
11. Völlig entkräftet schleppte er sich ins Ziel.
12. Aus vollem Halse lachend kam sie auf mich zu.
13. Sie hatten die Idee das Fest mit einem Feuerwerk zu beschließen.
14. Davon ein Star zu werden träumte sie.

Aufgabe 7

Ergänze mithilfe der Konjunktionen die Teilsätze so, dass sinnvolle Satzgefüge entstehen. Vergiss das Komma nicht!

1. Sie blieb im Bett, ___zumal___ **(zumal, sowie, trotzdem)** sie Fieber hatte.
2. ____________ **(aber, weil, wie)** eine Baustelle eingerichtet wird, gibt es eine Umleitung.
3. Er ließ die Musik so laut laufen ____________ **(ob, was, dass)** sich die Nachbarn aufregten.

4. Es regnete so stark ________________ **(sodass, welcher, während)** das Fußballspiel ausfiel.

5. ________________ **(deshalb, seitdem, obwohl)** er krank war verlor er an Gewicht.

6. Er bemühte sich ______________________ **(falls, auch wenn, ohne dass)** er Erfolg hatte.

7. ________________ **(wenn, obschon, und)** er mit ihr sprach wurde er immer ganz rot.

8. Er hörte Musik ________________ **(dann, ohne, während, seit)** mit Bügeln aufzuhören.

9. ________________ **(wenn, wobei, obwohl)** er sich sehr beeilte kam er nicht rechtzeitig.

10. Sie kommt heute noch vorbei ______________________ **(sofern, falls, außer wenn)** es zu spät ist.

11. ___________ **(weil, dass, als)** sie den Beschluss durchsetzen konnte ging auf ihren Einfluss zurück.

12. ______________________ **(je – umso, je – desto, ohne dass)** mehr er sich um sie bemühte ______________________ **(je – umso, je – desto, ohne dass)** abweisender wurde sie.

13. ________________ **(bis, sowie, bevor)** sie die Probezeit nicht bestanden hatte durfte sie kein Auto fahren.

14. ________________ **(der, wer, welcher)** zaubern will muss seine Tricks beherrschen.

15. Wer A sagt ________________ **(das, welches, der)** muss auch B sagen.

7.3 Komma bei Appositionen und Datums- und Adressangaben

Appositionen

Eine Apposition ist ein nachgestellter Beisatz, der ein vorangegangenes Nomen oder Pronomen näher bestimmt.
Eine Apposition wird durch ein Komma vom übrigen Satz abgetrennt.
Wird die Apposition in den Satz eingeschoben, musst du sie in Kommas einschließen.

› Wir vermissen Marie, unsere ehemalige Mitschülerin.
Marie, unsere ehemalige Mitschülerin, wollte uns besuchen.

Werden mehrere Appositionen aneinandergereiht, trennst du sie durch Kommas.

› Marie, unsere ehemalige Mitschülerin, Mitbegründerin der Zeitungs-AG, Sängerin im Schulchor, wollte von ihrer neuen Schule erzählen.

Datums- und Adressangaben

Auch nachgestellte Orts- und Zeitangaben werden mit Kommas abgetrennt.

› Er wohnt in der Heinestraße 14, Vorderhaus, 4. Stock.
Gestern, am 1. August, kam sie uns besuchen.

Stehen die Angaben zusammen mit einer Präposition, entfällt das Komma.

› Er wohnt **in** Berlin **in** der Heinestraße 9 **im** Vorderhaus.
Wir sind **am** Donnerstag **um** 14.00 Uhr verabredet.

Aufgabe 8

Ergänze die fehlenden Kommas.

Die Geschichte der Jeans

Levi Strauss ein Einwanderer aus der Gegend um Fürth bei Nürnberg ein Bayer war mit 18 Jahren nach Amerika ausgewandert. Er kam mit einem wertvollen Material in den Westen der USA einem Ballen Zelttuch. Die Goldgräber schwer arbeitende Männer kauften gerne seine Ware Hosen aus blauem Stoff. Sie benötigen stabile widerstandsfähige Hosen in deren Taschen ihre vielen kleinen Werkzeuge Platz fanden. Dies war die Geburtsstunde unserer heutigen Jeans.

Strauss versah seine Hosen nicht nur mit einem bequemen Schnitt sondern auch mit doppelten Nähten den Kappnähten an wichtigen Stellen und mit Nieten. Mit diesen befestigte er den Bund und die Taschen. Bald war Levi Strauss der deutsche Bursche ein angesehener Geschäftsmann.

Im Mai 1873 konnte er schließlich ein Hosenpatent anmelden.

Aufgabe 9

Karlo, der Kommaleger, war unterwegs. Er hat ganz viele Kommata fallen lassen. Streiche alle überflüssigen Kommata weg und kreise diejenigen ein, die stehen bleiben können.

Gestern , Montag , den 11. März , ging ich , in der Eupener Straße , Belgisches Viertel , Stadtteil Bresedong , spazieren. Ich traf auf meinen Freund Dennis. Seine Adresse ist , Berliner Str. 11 , Lübeck. Mit ihm , verabredete ich mich , für morgen , Mittwoch , den 13. März , um 12.45 Uhr , in Hamburg , auf dem Balthasarplatz , am Infostand , des Touristikvereins. Am Donnerstag , 14. März , werde ich mich um 15.00 Uhr , in der Stresemannstraße , Hamburg-Altona , mit Dennis' Bruder treffen. Am selben Tag , um 18.00 Uhr , muss ich dann wieder nach Bresedong zurückfahren.

7.4 Andere Zeichen

Weitere Satzzeichen

Neben den Satzschlusszeichen (**. ? !**) und dem Komma gibt es noch andere Zeichen:

1. das **Semikolon** (;), das zwischen gleichrangigen (nebengeordneten) Sätzen und Wortgruppen steht.
   › Der Streit ist behoben**;** darum soll jetzt Friede herrschen.
   Sie hatte überall gesucht**;** sie war in jedes Zimmer gegangen**;** doch der Schlüssel blieb verschwunden.

2. den **Doppelpunkt**, der die „wörtliche Rede", Zusammenfassungen oder Schlussfolgerungen einleiten kann.
   › Er sagte**:** „Komm her!"
   Die Monatsnamen heißen**:** Januar, Februar, März, …

3. den **Bindestrich**.

4. den **Ergänzungs-** und **Schrägstrich**.
   › „Rinder-**/**Schweine-**/**Kalbsbraten im Angebot!"

5. den **Gedankenstrich**, der Zusätze oder Nachträge in einem Text abgrenzt.
   › Kreuz und Kreis **–** auch Spirale und Labyrinth **–** sind wichtige Bildsymbole.

6. die **Klammern**, die Zusätze oder Nachträge einschließen.
   › Bring mir bitte das geliehene Buch **(**du hast es schon fünf Wochen!**)** bald zurück!
   „Der Staat bin ich." **(**Ludwig XIV**)**

7. das **Anführungszeichen** in der wörtlichen Rede (s. Kapitel 7.1).

8. den **Apostroph**; er soll anzeigen, dass man in einem Wort einen oder mehrere Buchstaben ausgelassen hat.
   › Aristoteles**'** Schriften, Alice**'** neue Wohnung
   D**'**dorf (= Düsseldorf), Ku**'**damm (= Kurfürstendamm)

9. die **Auslassungspunkte** (**…**) in einem Satz oder Text.
   › „Der Bock sollte sich auf die Hinterbeine stellen **…** und seine Hörner herausstrecken."

Abschlusstest online 7

Glückwunsch! Du hast **Kapitel 7 – Zeichensetzung** durchgearbeitet.
Du weißt nun alles über Satzschlusszeichen und Anführungszeichen und du kannst die Kommas in Satzverbindungen und Satzgefügen richtig setzen.

So funktioniert der Abschlusstest online:
Um deinen Lernerfolg zu überprüfen, kannst du nun die Tests online machen. Gehe auf
www.klasse5bis10.klett-lerntraining.de/8A9Z
und registriere dich wie vorne im Buch beschrieben.

Welche Tests es gibt, siehst du unten in der Tabelle. Nach jedem Test bekommst du eine Auswertung.

Willst du immer im Blick haben, welche Themen du schon kannst oder was du besser nochmal wiederholen solltest? Dann notiere deine Ergebnisse aus den Abschlusstests in der Tabelle.

Mein Ergebnis im Abschlusstest – Kapitel 7

Thema	Mein Ergebnis
Satzschluss- und Anführungszeichen	
Komma in Satzverbindungen und Satzgefügen	
Andere Zeichen	

8 Worttrennung

8.1 Silbentrennung

Ein geschriebenes Wort trennt man am Zeilenende so, wie es sich beim langsamen Sprechen in Silben zerlegen lässt.

1. Steht in einem einfachen Wort zwischen zwei Vokalen ein einfacher Konsonant (Mitlaut), so kommt er bei der Trennung auf die neue Zeile.
   › Blu-me, Vo-gel, Na-me
2. Stehen in einem einfachen Wort zwischen den Vokalen mehrere Konsonanten, so kommt nur der letzte Mitlaut auf die neue Zeile.
   › Hil-fe, Grup-pe, Pflan-ze, Bett-tuch
3. Die Konsonantenverbindungen **ch** und **sch** trennt man nicht.
   › Ta-sche, Kir-che, Fla-sche, Sa-che
4. **Merke**: **st** wird getrennt; **ck** bleibt ungetrennt.
   › Wes-te, Kas-ten, Mus-ter; Brü-cke, Lü-cke, Zu-cker
5. Ein einzelner Vokal am Wortanfang und -ende darf nicht abgetrennt werden. Missverständliche Trennungen (z.B. dreie-ckig) sind zu vermeiden.
   › Ofen, Ufer, Ader, Ire, Ju-li-abend, Bio-müll
6. Fremdwörter können nach Sprechsilben oder nach den Wortbestandteilen der Herkunftssprache getrennt werden.
   › Si-gnal, Sig-nal; par-al-lel, pa-ral-lel; Hy-drant/Hyd-rant
7. Die Konsonantenverbindungen **ph**, **rh**, **sh** und **th** in Fremdwörtern trennt man nicht.
   › Apo-theke, As-phalt, Fa-shion

Aufgabe 1

Kontrolliere, ob die Wörter richtig oder falsch getrennt wurden. Streiche falsch getrennte Wörter durch und schreibe sie richtig auf.

1. ~~Vog-el~~, Blu-me, ~~Nam-e~~, Zei-le

   Vo-gel, Na-me

2. Kno-spe, Knol-le, He-xe, Leit-ung
3. La-ge, Ma-uer, Zei-tung, Mus-ik
4. Aff-e, Kat-ze, So-ße, Eis-en
5. E-he, Reh-e, Of-en, Ü-bel
6. An-ge-bot, Flas-che, E-sel, Ott-er
7. Ko-pie, Ki-ste, Wo-che, Lok-ke
8. Spä-ße, Reg-en, Mi-tte, He-cke
9. Sam-stag, Diens-tag, Grü-ße, Lit-er
10. U-fer, Süd-en, Leis-ten, Last-en
11. Fettt-ropfen, Papp-plakat, Eu-le, Li-ste
12. Al-ter, Blatt-trieb, Lük-ke, Schä-tze

8

Aufgabe 2

In jeder Zeile sind zwei Lehn- oder Fremdwörter falsch getrennt worden. Markiere diesen Fehler jeweils und schreibe das Wort richtig getrennt darunter.

1. Mo/t-or, Trak-tor, Bio-lo-gie, Le/x-i/kon

   Mo-tor, Le-xi-kon

2. Kos-mos, The-ma, Th-ese, Te-mpo, Si-rup

3. Strop-he; Zen-trum; Bi-blio-thek. Pe-trol-eum

4. Mega-phon, Rep-ublik, Fab-rik, Mi-kro-fon

5. Schab-lone, Re-kla-me, Disz-iplin, Hyd-rant

6. In-ter-esse, Ex-emp-lar, Li-kör, Asp-halt

7. Panor-ama, Vo-kal, Ant-arkt-is, Ma-nu-skript

8. Pil-ot, Ta-rif, Rad-ar, Fit-ness, Geo-gra-fie

9. Ho-tel, Migr-äne, Spag-hetti, Ka-tho-lik

10. Fairp-lay, Del-fin, Pu-bli-kum, Phys-ik

Abschlusstest online 8

Toll! Du hast **Kapitel 8 – Worttrennung** durchgearbeitet.
Du hast wiederholt, wie du Wörter am Zeilenende richtig trennst und welche Verbindungen du niemals trennen darfst.

So funktioniert der Abschlusstest online:
Um deinen Lernerfolg zu überprüfen, kannst du nun die Tests online machen.
Gehe auf
www.klasse5bis10.klett-lerntraining.de/8A9Z
und registriere dich wie vorne im Buch beschrieben.

Welche Tests es gibt, siehst du unten in der Tabelle. Nach jedem Test bekommst du eine Auswertung.

Willst du immer im Blick haben, welche Themen du schon kannst oder was du besser nochmal wiederholen solltest? Dann notiere deine Ergebnisse aus den Abschlusstests in der Tabelle.

Mein Ergebnis im Abschlusstest – Kapitel 8

Thema	Mein Ergebnis
Silbentrennung	

1 Lang gesprochene Vokale und Umlaute

Aufgabe 1

a) Auf einer schmalen Brücke trafen sich zwei Jungen mit ihrem Fahrrad. Der eine kam mit einem Affenzahn von links, der andere in einem wahnsinnigen Tempo von rechts. „Fahr aus meiner Fahrbahn!", rief der eine mit wehenden Haaren heranrasend." – „Ich mag nicht – weich du doch aus!", schrie der andere, eine dicken Rucksack tragend. Da keiner nachgab, kam es zu einem heftigen Streit. „Das kann nicht wahr sein", schrie der erste, „ich mahne dich zum letzten Mal." Und er prahlte: „Ich werde mit dir das tun, was ich gestern Abend mit dem anderen getan habe." Da gab der zweite Junge den Fahrweg frei und fragte zaghaft, was er demjenigen denn getan habe, der nicht aus dem Weg gefahren wäre. „Ach so. Als der Grobian nicht nachgab, blieb mir keine andere Wahl. Ich wich aus seiner Bahn – und aß eine Banane."

b) **a**

schmalen / trafen / kam / heranrasend / mag / tragend / nachgab / kam / Mal / Abend / getan / habe / gab / zaghaft / getan / habe / Grobian / nachgab / aß / Banane

ah/aa

Fahrrad / Affenzahn / wahnsinnigen / Fahr / Fahrbahn / Haaren / wahr / mahne / prahlte / wahr / Fahrweg / gefahren / Wahl / Bahn

Aufgabe 2

Draht	Zahl	Schal	Kran
Rad	Tal	Wahl/Wal	Bahn
Kabel	Wahn	Hahn	Samen
Nabel	Tran	Plan	Rahmen
Dame	Mal	Regal	Maser
Name	Qual	Pedal	Faser
Span	Sahne	Knabe	Iran
Zahn	Plane	Rabe	Kahn
Quader	Scham	Wal/Wahl	Schwan
Hader	Rahm	Stahl	Lahn
Maler	Jahr	Gram	Maß
Strahler	Zar	zahm	Spaß

Aufgabe 3

1.	A	a	l			
2.	A	a	s			
3.	A	a	r			
4.	H	a	a	r		
5.	P	a	a	r		
6.	p	a	a	r		
7.	M	a	a	r		
8.	S	a	a	t		
9.	M	a	a	t		
10.	S	a	a	r		
11.	S	a	a	l		
12.	S	a	a	l	e	
13.	W	a	a	g	e	
14.	S	t	a	a	t	
15.	A	a	c	h	e	n

Aufgabe 4

Elle – Ehre – Eltern – Nest – Teer – Reh – Held – Dehnung – Geest – Tee – Elbe – Ecke – Esel – Lehm – Meer – Reederei – Idee – Ebbe – Erz – Zeder – Rebe – Erzeugnis – Schere – Erde – Eva – Allee – Essen – Nebel – Leber – Hefe – Erle – Elend – Demut – Rest – Telefon – Recht – Test – Treter – Regel – Lehne – Erbe

Aufgabe 5

Zum Beispiel:

Heute Nachmittag fahren wir an den großen See.
In der Schule bepflanzen wir ein Beet im Schulgarten.
Auf der Wiese wächst Klee.
Ich werfe einen Speer.
Meine Oma hat ein Kanapee.

Aufgabe 6

Als ein Dieb in einer Villa vier Vasen stiehlt, wird er von einem riesigen Tier überrascht, das aussieht wie ein Tiger. Erschrocken eilt der Dieb in die Diele, um zu fliehen. Hier stellt sich ihm der Hausdiener entgegen und befiehlt: „Bleib stehen, gib auf! Ich habe die Polizei schon alarmiert." Als diese in ihrem Dienstwagen vorfährt, lässt sich der Dieb widerstandslos festnehmen.

Aufgabe 7

Sieb – sieben / Dienst – dienen / Miete – mieten / Fliege – fliegen / Liebe – lieben / Sieg – siegen / Genuss – genießen / Guss – gießen / Schluss – schließen / Verdruss – verdrießen / Verlust – verlieren / Frost – frieren

Aufgabe 8

heißen – ich hieß, du hießt
laufen – ich lief, du liefst
bleiben – ich blieb, du bliebst
halten – ich hielt, du hieltst
steigen – ich stieg, du stiegst
stoßen – ich stieß, du stießest
treiben – ich trieb, du triebst
blasen – ich blies, du bliest
leihen – ich lieh, du liehst
preisen – ich pries, du priesest

Aufgabe 9

Diktat – diktieren / Diskussion – diskutieren / Gratulation – gratulieren / Import – importieren / Export – exportieren / Addition – addieren / Rasur – rasieren / Buchstabe – buchstabieren / Schikane – schikanieren / Marsch – marschieren / Regierung – regieren / Notizen – notieren / Kontrolle – kontrollieren / Kasse – kassieren / Telefon – telefonieren

Aufgabe 10

i im Anlaut

Ire Ion Igel Iris Isar Iwan Idee Idol Imam Idyll Ideal Ikone Irene Ironie Idiom Isotop Irokese

i im Inlaut

Klima Fibel Brise Prise Tiger Ruine Liter Sirup Tarif Musik Kamin Augenlid Krise Benzin Fabrik Saline Termin

i im Auslaut

Chemie Melodie Havarie Energie Kolonie Garantie Batterie Liturgie Amnestie Epidemie Prüderie Akademie Symmetrie Biografie Geometrie Lithografie Fotografie

Aufgabe 11

wieder: wiederholen, Wiedervorlage, wiederkommen, wiederkehren, wiederum, Wiederaufbau, Wiederwahl, wiederkäuen

wider: widerstreben, widerspenstig, Widerstand, zuwider, anwidern, erwidern, widerspiegeln, Widerhall, Widerworte, Widerruf, Widerhaken

Aufgabe 12

1. Not kennt kein Gebot.
2. Er zog das große Los.
3. Der Ton macht die Musik.
4. Mit mir war nicht die Bohne los.
5. Es gibt gleich rote Ohren!
6. Trockenes Brot macht Wangen rot.
7. Sie saßen alle im gleichen Boot.
8. Eine Rose ohne Dornen ist wie eine Soße ohne Salz.

Aufgabe 13

~~Mohped~~ Fohlen ~~Mohnd~~ ~~Doose~~ Aprikose ~~Bohte~~ Moped Idol Bote ~~Idohl~~ Nordpol
~~Aprikoose~~ Mond Dose ~~Folen~~ ~~Nordpool~~

Aufgabe 14

Ein anderes Wort für „reich"	w**oh**lhabend
Damit kann man hören:	**Oh**ren
Ein anderes Wort für „testen"	auspr**o**bieren
Damit kann man Limonade trinken	Str**oh**halm
Wir leben in einer	Dem**o**kratie
Ein festliches Gewand	R**o**be
Ein anderes Wort für „Schornstein"	Schl**o**t
Er ist noch nicht geschliffen	R**o**hdiamant
Sie blüht im Garten	M**oo**sr**o**se
Etwas vorsichtig, rücksichtsvoll, sorgsam behandeln	sch**o**nen
Damit kann man auf Reisen gehen	W**oh**nm**o**bil

Aufgabe 15

Urahn Urmeter Ureinwohner Urteil Urlaub Urbeginn Urwald
Uhrglas Uhrkette Uhrzeiger Uhrgehäuse Uhrband Uhrzeit Uhrwerk

Aufgabe 16

Wärme	Höhle
Gefährte	Spüle
Getöse	Kühle
Möhre	Märchen
Lüge	Zähne
Mühle	Köder
Träne	Trödel
Fähre	Versöhnung
Gefährdung	gewöhnlich
Währung	jährlich
Rührung	spärlich
Führung	fröhlich
Fischgräte	schädlich
Krönung	süchtig
nämlich	hörig
ungefähr	dämlich

Aufgabe 17

Nomen	**Adjektiv/Partizip**	**Verb**
Tod	tödlich	töten
Jahr	jährlich	(ver-)jähren
Betrug	betrügerisch	betrügen
Ton	getönt	tönen
Rot	rötlich	(er-)röten
Wut	wütend	wüten
Demut	demütig	demütigen
Gefahr	gefährlich	gefährden
Glut	glühend	glühen
Wasser	wässrig	wässern
Argwohn	argwöhnisch	argwöhnen
Stahl	stählern	(sich) stählen
Zahl	zählbar	zählen
Hohn	höhnisch	verhöhnen
Wahl	wählerisch	wählen
Schaden	schädlich	schädigen

2 Gleich und ähnlich klingende Laute

Aufgabe 1

Hundegebell

Mit lautem Gebell und sich sträubendem Fell läuft ein Hund hinter Leuten her, die ihre Nase laut schnäuzen. Sie sind nämlich erkältet. Am Pferdestall angelangt, bleibt der Hund auf der Stelle stehen. Scheue Gäule bäumen sich auf. Aus einem gräulichen Gebäude kommt eine Bäuerin und versucht, sämtliche Tiere zu besänftigen. Den Hund verscheucht sie.

Aufgabe 2

gräulich – grau / freundlich – Freude / schnäuzen – Schnauze / überschwänglich – Überschwang / aufwändig – Aufwand / belämmert – Lamm / sämtlich – gesamt / hässlich – Hass / gewerblich – Gewerbe / schändlich – Schande / verbläuen – blau / bereut – Reue / schmächtig – Schmach / geläufig – Lauf / gestikulieren – Geste / Stängel – Stange / Bändel – Band / Gämse – Gams

Aufgabe 3

Beitritt Kaimauer Kaiserreich Laiengruppe Leibgarde Brotlaib Froschlaich Leichenhalle Meineid Mainufer Maibaum Maisfeld Meisenkasten Buchseite Saiteninstrument Reinertrag Rheinland Feldrain Redeweise Waisenkind

Aufgabe 4

1. Zypern	2. Silvester	3. System	4. Sinfonie/Symphonie
5. Ouvertüre	6. Chirurg	7. Rhythmus	8. Liga
9. Misere	10. Konfitüre	11. Olympiade	12. Simulation
13. Fitness	14. Pediküre	15. Triumph	16. Tyrann
17. Symmetrie	18. Physik	19. Sirene	20. Symbol
21. Hypothek	22. Sympathie	23. Maniküre	24. Zylinder

Aufgabe 5

b oder p im Anlaut

Baum Park Bach Berg Probe Pult Band Pein Bord Busch Pinsel

b oder p im Inlaut

Rabe Tulpe Grube Haube Raupe Pumpe Traube Laube Rispe Garbe Narbe

b oder p im Auslaut

Dieb(e) Top(s) Trieb(e) Leib(er) Flop(s) Sieb(e) Raub/Räuber Camp(s) Stopp(er) lieb(en) Staub/Stäube

Aufgabe 6

Sieb – Siebe / Hieb – Hiebe / Bad – Bäder / Rat – Räte / Streik – Streiks / Zweig – Zweige / Staub – stauben / Raub – Räuber

Berg – Berge / Werk – Werke / Trunk – trinken / Dung – Dünger / Spuk – spuken / Trug – trügen /Park – Parks / Sarg – Särge

Herd – Herde / Wert – Werte / Rad – Räder / Tat – Täter / Tod – Todes / Not – Nöte / Kalb – Kälber / Skalp – Skalpe

Aufgabe 7

endlos, endlich, entzückt, entleeren, entdecken, entstehen, entscheiden, unentgeltlich, unentwegt, unendlich, enden

Aufgabe 8

Kleinstadt	Großstadt
Arbeitsstätte	Innenstadt
Statthalter	Stadtrat
Wohnstätte	Stadtstaat
stattlich	statthaft
stattfinden	stattgeben
Werkstatt	Ruhestätte
Hauptstadt	Stattlichkeit
Kreisstadt	anstatt

Aufgabe 9

Todfeind	todernst
Todesstille	todblass
Todesurteil	todkrank
Todesanzeige	todsicher
Todesfall	todmüde
totlachen	totstellen
totschlagen	totschweigen
tottreten	Todesangst

Aufgabe 10

Liebe Mia,

es ist jetzt schon ein wenig her, **seit** ich dir geschrieben habe. Ich kann dir sagen, **seit** wir umgezogen sind, ist alles anders. Ich teile mir gerade mit meiner Schwester ein Zimmer. Es ist gar nicht so schlimm, wie ich dachte. Meine Mutter sagte gestern: „Ihr **seid** mir zwei Herzchen!". Damit meinte sie nicht, dass wir nett und lieb seien. Unsere Nachbarin meinte: „Ihr **seid** ja wie Pech und Schwefel." Das soll wohl heißen, dass wir uns ganz gut vertragen und einige Streiche aushecken. Es ist gar nicht so übel, **seit** wir hier sind. Wie schaut es bei dir aus? **Seid** ihr schon zu deiner Oma gefahren?

Liebe Grüße

Lea

Aufgabe 11

Pfand	fand	Verse
Ferse	Veilchen	Feile
Pflege	Flegel	Faser
Vase, Phase	Harfe	Larve
Vater	Foto	Triumph
stumpf	fiel	viel
flicken	pflücken	traf
brav	tief	aktiv

Aufgabe 12

Efeu Ufer Ruf Falke Eifer Rolf Fürst Teufel Luft Tief Furt Taufe Elf Forelle Eifel Lift Tafel Lauf Fittich Huf Fehde Elfer Ralf Film Mofa After

Aufgabe 13

1. Megafon / Megaphon 2. Paragraf / Paragraph 3. Grafologe / Graphologe 4. Fotometer / Photometer 5. Stenografie / Stenographie 6. Fonometer / Phonometer 7. Orthografie / Orthographie 8. Bibliografie / Bibliographie 9. Alphabet 10. Triumph 11. Katastrophe 12. Strophe 13. Asphalt 14. Apostroph 15. Phosphor 16. Philosoph

Aufgabe 14

Wie verhext

Alles schien wie verhext. Als Landwirt Alex in der Scheune seine Axt suchte, fiel ihm erst die Schuhwichse, dann das Skiwachs in die Hände. Als er auf den Stuhl stieg, um die Axt herunterzuholen, bekam das Stuhlbein einen Knacks, er fiel und verknackste sich den Knöchel. Unterwegs zur Weide riss sich der Ochse von der Deichsel los und lief blindlings auf einen Buchsbaum zu, der an einem Flachsfeld wuchs. Das war für Alex kein Jux mehr! Als er schließlich abends sein Lexikon verkleckste, verwünschte er diesen verflixten Tag.

3 Doppel- und Dreifachkonsonanten

Aufgabe 1

Mutter Rippe Elle Essen Nonne Essig Griffel Löffel Lamm Mann Natter Rinne Etappe Ebbe Egge Etikett Trommel Lotto Otter Riff Futter Ritter Rummel Lappen Nummer Rollladen Narr Rinnsal Lasso Offizier Rad

Aufgabe 2

A Rolle Sonne Latte Sippe Dürre Mappe Kasse/Karre Donner Sommer Staffel Zettel Trommel/Trottel Rippe Roller Trüffel Quelle

B Narr / Nar-ren Drill / dril-len Damm / Däm-me Mann / Män-ner Bett / Bet-ten Kuss / Küs-se Grill / gril-len Kamm / Käm-me Riss / Ris-se Griff / Grif-fe Stopp / stop-pen Pass / Päs-se Knall / Knal-ler Pfiff / Pfif-fe Herr / Her-ren Tritt / Trit-te

Aufgabe 3

beginnen / be-gin-nen, begann / begonnen
irren / ir-ren, irrte / geirrt
klappern / klap-pern, klapperte / geklappert
trommeln / trom-meln, trommelte / getrommelt
fesseln / fes-seln, fesselte / gefesselt
schaffen / schaf-fen, schuf / geschaffen (geschafft)
knabbern / knab-bern, knabberte / geknabbert
beißen / bei-ßen, biss / gebissen
schwellen / schwel-len, schwoll / geschwollen
fallen / fal-len, fiel / gefallen
schimmeln / schim-meln, schimmelte / geschimmelt
knurren / knur-ren, knurrte / geknurrt
rinnen / rin-nen, rann / geronnen
flattern / flat-tern, flatterte / geflattert
prallen / pral-len, prallte / geprallt
nummerieren / num-me-rie-ren, nummerierte / nummeriert

Aufgabe 4

A	B	C	D	E	F	G
Gift	Falte	Hemd	Kante	Gips	Hirt	Rast
Lift	Felge	Samt	Tinte	Mops	Kern	Last
Heft	Kolben	Zimt	Pendel	Klaps	Zorn	Gast
Duft	Silber	Lampe	Winkel	Klops	Farn	Nest
Schrift	Tulpen	Lumpen	Funken	Stups	Zwirn	Most

Aufgabe 5

Brücke Fäckchen Kuckuck Schicksal Höcker Wecker Fackel Deckel Nelke Wolke Werke Schenkel Imker Senke Borke Balken

Aufgabe 6

1. Produkt 2. Taktik 3. Technik 4. Biwak 5. Tabak 6. Diktat 7. Sakko 8. Fabrik 9. Doktor 10. Pikkolo 11. akkurat 12. Architekt 13. Diktatur 14. Vehikel 15. Akkusativ 16. Akkordeon 17. Makkaroni 18. Lokomotive

Aufgabe 7

1. Schifffahrt 2. Flusssand 3. Schmuckkasten 4. Fetttropfen 5. Betttuch 6. Flanelllappen 7. Wettturnen 8. Stillleben 9. Sauerstoffflasche 10. Pappplakat 11. Stofffetzen 12. Auspuffflamme

4 Der s-Laut

Aufgabe 1

Präsens	**Präteritum**
ich blase, du bläst;	ich blies, du bliesest
ich niese, du niest;	ich nieste, du niestest
ich kreise, du kreist;	ich kreiste, du kreistest
ich lotse, du lotst;	ich lotste, du lotstest
ich fasele, du faselst;	ich faselte, du faseltest
ich preise, du preist;	ich pries, du priesest
ich wechsle, du wechselst;	ich wechselte, du wechseltest
ich sause, du saust;	ich sauste, du saustest
ich rase, du rast;	ich raste, du rastest
ich haste, du hastest;	ich hastete, du hastetest

Aufgabe 2

Aufgabe 3

Hass – hassen – hasst – hasste
Maß – messen – misst – maß
Riss – reißen – reißt – riss
Gruß – grüßen – grüßt – grüßte
Pass – passen – passt – passte
Spieß – spießen – spießt – spießte
Schloss – schließen – schließt – schloss
Guss – gießen – gießt – goss
Buße – büßen – büßt – büßte
Fraß – fressen – frisst – fraß
Spaß – spaßen – spaßt – spaßte
Kuss – küssen – küsst – küsste
Spross – sprießen – sprießt – spross
Verdruss – verdrießen – verdrießt – verdross
Biss – beißen – beißt – biss

Aufgabe 4

des Loses, des Schoßes
des Fleißes, des Preises
des Mooses, des Stoßes
des Spaßes, des Glases
des Grießes, des Kieses
des Klaus', des Kloßes
des Hauses, des Straußes
des Greises, des Schweißes
des Rußes, des (Apfel-)Muses
des Reises, des Weißes
des Maßes, des Grases
des Maises, des Steißes

Aufgabe 5

Misstrauen, missmutig, misslingen, Missernte, missachten, Missgriff, missgönnen, Missgunst, misslich, missliebig, misshandeln, missstimmig, Missverständnis
Zeugnis, Erlebnis, Bedürfnis, Geständnis, Versäumnis, Kenntnis, Begräbnis, Bedrängnis, Geheimnis, Gelöbnis, Verzeichnis, Ärgernis, Vorkommnis

Aufgabe 6

	K	A	R	D
Ich frage mich, ob **das** wirklich stimmt.				X
Ich hoffe, **dass** morgen nichts schiefgeht.	X			
Das Känguru, **das** in Australien heimisch ist, gehört …		X	X	
Jana freut sich, **dass** sie sich heute Nachmittag …	X			
Das war eine tolle Geburtstagsfeier!				X
Das diesjährige Sommerfest war ein großer Erfolg.		X		
„**Dass** du **das** geschafft hast!"	X			X

Aufgabe 7

1. Das 2. dass 3. das 4. Das / das 5. Dass 6. Das 7. Das 8. dass 9. dass

Aufgabe 8

1. Das (**dies**/**dieses**) Blumenbeet sieht besonders schön aus. 2. Das (**Dies**/**Dieses**) Auto, das (**welches**) so schnell in die Kurve eingebogen ist, dass (—) die Reifen quietschten, wurde von der Polizei angehalten. 3. Das (**Dies**/**Dieses**) Kätzchen, das (**welches**) Lena von ihrer Oma zum Geburtstag geschenkt bekommen hat, ist wirklich drollig. 4. Jeder weiß, dass (—) Obst und Gemüse gesund sind. 5. Dass (—) du das (**dies**) geschafft hast!

Aufgabe 9

1. **Das** ist ja toll! 2. **Das** Fußballspiel, **das** sehr spannend war, endete unentschieden. 3. Gehört **das** Mountainbike dir? 4. Ich wünsche dir, **dass** du ein neues Skateboard zum Geburtstag bekommst. 5. **Das** IJsselmeer, **das** in den Niederlanden liegt, ist bei Wassersportlern sehr beliebt. 6. **Das** Kamel, **das** perfekt an **das** Leben in der Wüste angepasst ist, kann 40 bis 50 Jahre alt werden. 7. Im Schülerbistro, **das** die 8. Klassen selbst organisieren, gibt es sehr leckere Schokobrötchen.

Aufgabe 10

Stress, lass nach!

Ausgerechnet am Montagmorgen **passierte** es: Leni hatte gründlich verschlafen. Anscheinend hatte sie am Vortag **vergessen**, ihren Wecker zu stellen.

Doch **das** war erst der Anfang allen Übels: Als sie unter die Dusche hetzte, **musste** Leni feststellen, **dass** der **Warmwasserhahn** nicht mehr funktionierte. **Gezwungenermaßen ließ** sie sich **das eiskalte** Wasser über den Rücken laufen.

Zeit für ein ausgiebigeres Frühstück blieb **schließlich** nicht mehr. Leni trank schnell eine **Tasse** Tee, schnappte sich ihre Schultasche, **schoss** aus der Haustüre, schlug die Tür hinter sich zu – und **vergaß**, dass ihr **Hausschlüssel** doch noch an seinem Platz neben der Garderobe hing! Nun hatte sie sich tatsächlich auch noch ausgesperrt. Glücklicherweise **besaß** die Nachbarin noch einen **Ersatzschlüssel**, **sodass** Leni nach der Schule nicht **draußen** würde warten **müssen**.

Nach einem regelrechten Sprint in Richtung Schule **ließ** sie sich **schließlich** völlig **außer** Atem auf ihren Stuhl **plumpsen**. Im selben Moment ertönte das Läuten der Schulglocke. Gerade noch geschafft! In Sachen Pünktlichkeit **ließ** Lenis Lehrer nämlich nicht mit sich **spaßen**!

5 Groß- und Kleinschreibung

Aufgabe 1

1. **M**eine kleine **S**chwester isst am liebsten **S**chokoladenpudding.
2. **M**ein **A**ufsatz trägt den **T**itel „**D**ie **E**rfindung des **F**ahrrads".
3. **A**m **D**ienstag fiel das **F**ußballtraining aus.
4. **D**as habe ich befürchtet: **D**a fehlt doch tatsächlich eine **S**chraube!
5. **L**ena hat im **G**arten eine **S**onnenblume gepflanzt.
6. „**D**ame" und „**M**ühle" sind **B**rettspiele.

Aufgabe 2

Adjektiv / Nomen:
natürlich – Natürlichkeit / gewiss – Gewissheit / wirklich – Wirklichkeit / satt – Sattheit / dunkel – Dunkelheit / ehrlich – Ehrlichkeit / wahr – Wahrheit / gemein – Gemeinheit / gesund – Gesundheit / heiter – Heiterkeit / traurig – Traurigkeit / selten – Seltenheit

Verb / Nomen:
mahnen – Mahnung / erleichtern – Erleichterung / vergelten – Vergeltung / versuchen – Versuchung / schildern – Schilderung / einladen – Einladung / entfernen – Entfernung / beleidigen – Beleidigung / anstrengen – Anstrengung / verletzen – Verletzung / erpressen – Erpressung / drohen – Drohung / warnen – Warnung

Aufgabe 3

Folgende Wörter sind Verben:
sehen, sagen, malen, abwaschen, lesen, essen, atmen

Die folgenden Wörter sind keine Verben, sondern Adjektive:
malerisch, leserlich, essbar, sichtbar, atemlos, abwaschbar, sagenhaft

Aufgabe 4

a) Sonja hatte uns zum **Essen** eingeladen.
b) In den Ferien kann ich endlich **ausschlafen**.
c) Beim **Kopieren** der Datei ist Lasse ein Fehler passiert.
d) Das laute **Heulen** der Sirenen war überall zu hören.
e) Jonas geriet ins **Schwärmen**, als er sein neues Handy beschrieb.
f) Alle staunten über das große **Können** der Artisten.
g) „Hoffentlich müssen wir nicht so lange **warten**!"
h) Das war nicht zum **Lachen**!
i) Der Pkw bog rechts ab, ohne zu **blinken**.
j) Er winkte uns im **Vorbeigehen** zu.

Aufgabe 5

a) Parken verboten! Eisessen verboten! Rauchen verboten!

b) **Betreten** der Baustelle verboten!
Das **Plakatieren** ist hier nicht erlaubt.
Das **Spielen** auf dem Rasen ist untersagt.
Das **Betreten** der Eisfläche ist verboten.
Angeln und **Rudern** sind hier verboten!
Das **Berühren** der Waren ist nicht gestattet.
Das **Sprechen** mit dem Fahrer ist zu unterlassen.
Das **Besteigen** des Strommastes ist strengstens verboten.

Aufgabe 6

1. **Reden** ist Silber, **Schweigen** ist Gold.
2. **Essen** und **Trinken** hält Leib und Seele zusammen.
3. Mit **Hängen** und **Würgen** schaffte er die Prüfung.
4. Auf **Biegen** und **Brechen** wollten sie gewinnen.
5. Rosen muss man **hegen** und **pflegen**.
6. **Schenken** und **Geben** macht viele Freunde.
7. **Sehen** ist besser als **Hören**.
8. **Probieren** geht über **Studieren**.
9. Sie kennen sich vom **Sehen**.
10. Ihr ist zum **Heulen**.

Aufgabe 7

Wie kommt es zum **Aufplatzen** des Maiskorn? Das **liegt** am Aufbau des Korns. Es ist im Innern viel feuchter, als man **glauben** mag. Beim genauen Untersuchen kann man **entdecken**, dass es neben Stärke auch zahllose kleine Wassertröpfchen **enthält**. Dieses Wasser **entwickelt** sich im erhitzten Maiskorn zu Wasserdampf, bläht sich auf, drückt gegen die Schale – und das Korn **explodiert** mit einem leisen **Puffen**. Danach heben die Körner ab und die weiße Masse kann sich über die Schale **stülpen**. Vor dem **Genießen** der knusprigen, warmen Bällchen **solltest** du ihnen Zeit zum **Abkühlen** geben.

Aufgabe 8

Ein <u>blauer</u>, <u>ruhiger</u> See, <u>tief</u> umrahmt von Bergen, die <u>ewiger</u> Schnee bedeckt. Ein <u>dunkler</u> Saum von <u>schmalen</u> Gärten schmiegt sich <u>reich</u> gefaltet bis ins Wasser hinab. <u>Weiße</u> Häuschen, die aus <u>feinem</u> Zucker gegossen zu sein scheinen, blicken vom <u>steilen</u> Ufer in das Wasser hinunter. Ringsum gleicht alles dem <u>friedlichen</u> Traum eines <u>zarten</u> Kindes. Es ist ganz <u>früh</u> am Morgen. Von den <u>hohen</u> Berghängen steigt ein <u>sanfter</u> Blumengeruch empor. Eben ist die Sonne <u>rotgolden</u> aufgegangen. Auf den <u>grünen</u> Blättern dieser Bäume glänzen noch Tautropfen. Wie ein <u>großes</u> Band zieht sich die Landstraße durch einen Engpass hin. Sie ist mit <u>harten</u> Steinen gepflastert und scheint doch <u>weich</u> zu sein wie Samt, über den man mit der <u>bloßen</u> Hand hinstreichen möchte.

ruhig, tief, ewig, dunkel, schmal, reich, weiß, fein, steil, friedlich, zart, früh, hoch, sanft, rotgold, grün, groß, hart, weich, bloß

Aufgabe 9

1. Jung und Alt
2. Arm und Reich
3. Groß und Klein
4. das Gute – das Böse
5. Schwarz – Weiß
6. das Alte – das Neue
7. Altes und Neues
8. das Mündliche – das Schriftliche
9. das Besondere – das Ungewöhnliche
10. das Nützliche
11. die Schöne
12. das Grün

Aufgabe 10

1. aufs Beste 2. ums Ganze 3. im Dunkeln 4. im Trüben 5. das Weite 6. ins Schwarze 7. ins Ungewisse 8. ins Kleinste 9. auf dem Laufenden 10. das Geringste 11. im Klaren 12. zum Besten 13. des Näheren 14. dem Ärgsten 15. auf Englisch oder auf Deutsch.

Aufgabe 11

2. Mein Bester!
3. Unsere Kleine ist krank.
4. Seine Linke traf oft den Gegner.
5. Er liebte diese Weite.
6. Dieses Grün gefällt mir.
7. Sein Äußeres fiel auf.
8. Er verletzte sich seine Rechte.
9. Mein Inneres sagte mir, dass er log.
10. Jene Fremde bat mich um Hilfe.

Aufgabe 12

1. (Menschen) 2. (Wohnung) 3. (Äpfel) 4. (Menschen) 5. (Häuser) 6. (Menschen) 7. (Stücke)

Aufgabe 13

1. als Nächster 2. jeder Dritte 3. der Erste 4. als Letzter 5. der Vierte, der Fünfte 6. viel Schlechtes 7. jeder Einzelne 8. die Einzige 9. alles Übrige 10. das Geringste 11. kein Geringerer 12. nichts Besonderes 13. etwas Unangenehmes 14. allerlei Nützliches 15. alles Gute

Aufgabe 14

1. der Rote Milan 2. das Weiße Haus 3. der Stille Ozean 4. der Heilige Abend 5. die Deutsche Bahn 6. der Große Bär 7. das Schwarze Meer 8. die Gelbe Karte 9. der Westfälische Friede 10. der Rote Platz 11. die Französische Revolution 12. der Persische Golf 13. die Grüne Insel (Irland) 14. die Blaue Mauritius (Briefmarke) 15. das Neue Testament 16. der Bayerische Rundfunk 17. die Europäische Gemeinschaft

Aufgabe 15
1. Für und Wider 2. Wenn und Aber 3. Drum und Dran 4. Hin und Her 5. Ach und Weh 6. Mal zu Mal 7. Was und Wie 8. Auf und Ab

Aufgabe 16
1. Dein und Mein / dein Fahrrad, meins 2. drumherum / dieses Drumherum 3. dieses Rauf und Runter / rauf und runter 4. Hallo / hallo 5. eine Fünf / bis fünf 6. auf und ab / ein ständiges Auf und Ab 7. im Abseits / abseits

Aufgabe 17
1. am Montag 2. der Montagmorgen 3. mittwochmittags 4. gestern und heute 5. am Dienstagabend 6. der Sonntagmorgen 7. übermorgen Abend 8. gestern Nachmittag 9. freitags und samstags 10. montags und mittwochs 11. vorgestern Morgen 12. sonntagnachmittags 13. heute und übermorgen 14. mittwochabends 15. der Donnerstagmittag 16. heute Vormittag 17. Freitagnachmittag

Aufgabe 18
dir/Dir, ihr/Ihr, du/Du, ihr/Ihr, euch/Euch, dich/Dich, deine/Deine, dein/Dein

Dich/dich, Dir/dir, Du/du, Dir/dir, Du/du, Deinen/deinen, Du/du, Deine/deine, Dir/dir, Dir/dir, Du/du, Deiner/deiner, Deine/deine

Ihre, Ihre, Ihnen

Aufgabe 19
1. eins / drei zu zwei 2. mit seiner Eins / die Fünf 3. von zwölf bis zwei 4. die Vier und die Sieben 5. eine Million ist tausend mal tausend; eine Billion tausend Milliarden 6. fünfzig / ein halbes Hundert 7. mit siebzig Jahren / zu den Sechzigjährigen 8. mehrere Zehntausend 9. zu Hunderten und zu Tausenden 10. den Zweiten mit dem Dritten 11. ein drittel kg Mehl ist mehr als ein viertel 12. ein Fünftel 13. ein Viertel mal ein Drittel ist ein Zwölftel

6 Getrennt- und Zusammenschreibung

Aufgabe 1

Straßenfest

Die Kanalstraße feiert in diesem Jahr wieder ein großes Straßenfest. Da wird man erst wieder spät schlafen gehen. Auf jeden Fall werde ich mit Anna, die ich nicht zu Hause sitzen lassen will, hingehen. Denn auch ich möchte nicht daheim hängenbleiben, obwohl ich gerade ein Buch lese, das ich sehr schätzen lerne. Aber vorher werde ich noch mit Marc baden gehen. Deshalb dürfen wir zu Hause unsere Badesachen nicht stehen lassen, obwohl Anna heute sagt, wir werden wegen der vielen Leute am See keinen Platz finden und mit unserem Vorhaben badengehen. Anna will sich bis zum Fest auch nicht gehenlassen. Sie wird ihre Tante vorher in das Museum gehen lassen, und selbst durch den Park etwas spazieren gehen. Alle treffen wir uns dann auf dem Fest und werden uns einen Döner schmecken lassen. Bei den Buden werden wir Lose kaufen und spielen gehen können. Wer krank ist, muss aber leider im Bett liegen bleiben.

Aufgabe 2

zusammen sein   fliegend verlässt   lässig grüßend   pfeifend läuft   spazierend genießen   gelegen kommen   kennen lernen/kennenlernen   faulenzend liegen   überzeugend sprechen lernen   beisammmen bleiben   bewundernd anschauen

Aufgabe 3

vorwärtsgehen   anheimfallen   aneinanderlegen   vorliebnehmen   draußenbleiben   zunichtemachen   abhandenkommen   querlesen   zuteilwerden   nebeneinanderstehen   beiseitelegen

Aufgabe 4

1. schmutzig machen   2. schachmatt setzen   3. kaputtmachen (oder: kaputt machen).   4. leicht fallen   5. leeressen   6. laut reden   7. kaputt machen (oder: kaputtmachen)   8. schwerfallen   9. schwarzfahren   10. kürzertreten   11. schönschreiben

Aufgabe 5

1. schlechtmachen, schlecht machen   2. hochschätzen, hoch schätzen   3. rein waschen, reinwaschen   4. sauer machen, sauermachen   5. weichkochen, weich kochen   6. haftenbleiben, haften bleiben   7. kalt stellen, kaltstellen

Aufgabe 6

Rad fahren   Wäsche waschen   eislaufen   Schlitten fahren   Teppich klopfen   Halt machen   Maß halten   Steine klopfen   Auto fahren   nottun   pleitegehen

Aufgabe 7

überfahren übersehen überhören übertreten übergehen /
angeben antreten anlassen anzeigen anwenden anbrechen /
abrüsten abbrechen abwarten abreißen abschließen /
vorsagen vorsingen vorhalten vorstellen vorschreiben vorgehen /

aufmachen aufgeben aufrufen aufkochen auflösen /
unterkommen unterschreiben untersuchen unterwerfen unterziehen /
aussuchen auswählen auswerten ausweisen ausweinen auswerfen /
hinbringen hinblicken hinschauen hingehen hinrichten

Aufgabe 8

frühreif feuchtwarm schwerkrank tiefblau bitterböse bitterernst
bitterkalt taubstumm dummdreist zartbitter nasskalt lauwarm
hellblond gutbürgerlich leichtfertig vollschlank hochaktuell neuartig
dunkelbraun halbrund

Aufgabe 9

1. felsenfest 2. eiskalt 3. grasgrün 4. altersschwach 5. butterweich
6. kinderreich 7. steinhart 8. nervenstark 9. blitzblank 10. fehlerfrei
11. nagelneu 12. meterhoch 13. maulfaul 14. brandneu 15. aalglatt
16. glasklar 17. riesengroß 18. taufrisch 19. rostrot 20. lebensfremd

Aufgabe 10

1. denkfaul 2. wissbegierig 3. schlagfertig 4. pflegeleicht 5. stoßfest
6. leblos 7. werbewirksam 8. röstfrisch 9. lesefreundlich 10. gehbehindert
11. treffsicher 12. bügelfrei

Wir haben hier nur jeweils eine Lösungsmöglichkeit aufgeführt. Aber bestimmt hast du noch andere Kombinationsmöglichkeiten gefunden.

Aufgabe 11

1. bunt gestreift 2. weich gekocht 3. gut geschnitten 4. hart getroffen
5. fett gedruckt 6. auffallend bleich 7. ernst gemeint 8. blau gestreift
9. weit geöffnet 10. herzlich willkommen 11. festlich geschmückt

Aufgabe 12

1. Streik in der Metall verarbeitenden / metallverarbeitenden Industrie.
2. Den Not leidenden / notleidenden Kindern muss geholfen werden.
3. Das Gewinn bringende / gewinnbringende Geschäft ist geplatzt.
4. Ein Walzer tanzendes / walzertanzendes Paar landete auf Platz 1.
5. Ist das Blut stillende / blutstillende Mittel wirksam?
6. Es erschienen Ekel erregende / ekelerregende Filmszenen.

7. Es wurden viele Lieder grölende / liedergrölende Fans festgenommen.
8. Es gibt viele Asyl suchende / asylsuchende Menschen auf der Welt.
9. Die Erdöl exportierenden Länder / erdölexportierenden Länder haben die Preise erhöht.
10. In Fantasy-Romanen kommen oft Feuer speiende / feuerspeiende Drachen vor.
11. Für Rat suchende / ratsuchende Bürger hat das Rathaus immer geöffnet.
12. Der Sturm hatte eine Respekt einflößende / respekteinfklößende Stärke.

Aufgabe 13

1. Kindergeschrei 2. Kinderschuhe 3. Gartentor 4. Julitag 5. Freudentränen
6. Hustenbonbon 7. Indianerbuch 8. Weinglas 9. Goethevers

Aufgabe 14

1. Halsschlagader 2. Handpuppenspiel 3. Haarspraydose 4. Butterbrotpapier
5. Wasserschutzpolizei 6. Zauberkunststück 7. Lichthupensignal
8. Brieftaubenpost 9. Fußballverein 10. Gasfeuerzeug 11. Raketentriebwerk
12. Fußbodenheizung 13. Kamelhaardecke 14. Herzschrittmacher
15. Geldschrankknacker

Aufgabe 15

Rotlicht Kleinkind Geheimsprache Billigangebot Niedrigwasser
Rotstift Leergut Weißbrot Hochglanz Schnellstraße

Aufgabe 16

1. Schutzimpfung = schützen + Impfung
2. Sprühdose = sprühen + Dose
3. Herzschwäche = Herz + schwach
4. Stehkragen = stehen + Kragen
5. Reimwort = reimen + Wort
6. Nasenlänge = Nase + lang
7. Haaresbreite = Haar + breit
8. Knallfrosch = knallen + Frosch
9. Bohrloch = bohren + Loch
10. Schuhgröße = Schuh + groß
11. Küstennähe = Küste + nah
12. Bettschwere = Bett + schwer
13. Wassertiefe = Wasser + tief
14. Nagezahn = nagen + Zahn
15. Laufgitter = laufen + Gitter
16. Stichwort = stechen + Wort
17. Gewitterschwüle = Gewitter + schwül

Aufgabe 17

1. eine Viertelstunde = ein Viertel + Stunde 2. ein Jahrzehnt = ein Jahr + zehn
3. der Dreikampf = drei + Kampf 4. der Zweitwagen = zwei + Wagen
5. ein Viertelpfund = ein Viertel + Pfund 6. eine Sechzehntelnote = sechzehn + Note
7. das Dreieck = drei + Eck 8. ein Achtelliter = ein Achtel + Liter
9. eine Zwölferpackung = zwölf + Packung 10. das Dreigespann = drei + Gespann

Aufgabe 18

Nachsicht Nachruf Nachsaison Nachname Nachmittag /
Überstunde Überfall Übersicht Überdruck Überfluss /
Untergeschoss Unterrock Untermiete Untergrund Unterstellung /
Zwischendeck Zwischenzeit Zwischenraum Zwischenbemerkung
Zwischenhändler

Aufgabe 19

zusammen:
Marktplatz, Kirchplatz, Mühlenstraße, Schillerplatz, Kurzstraße, Luisenstraße, Rheinpromenade, Bismarckstraße, Herderstraße, Mertensgasse, Königsallee, Brehmplatz, Staufenplatz

getrennt:
Berliner Allee, Hohe Straße, Unter den Eichen, Ratinger Tor, Krummer Weg, Neuer Rathausplatz, Alte Kölner Straße, Grafenberger Allee, Kaiserswerther Straße, Am Rheinufer

mit Bindestrich:
Kaiser-Wilhelm-Allee, Graf-Adolf-Platz, Heinrich-Heine-Allee, Theodor-Heuß-Platz

Aufgabe 20

irgendwohin irgendwoher irgendjemand irgendwann irgendeiner
irgendeins irgendetwas

Aufgabe 21

1. Er kommt heute nicht, soviel ich weiß.
   So viele Menschen auf einem Platz habe ich noch nie gesehen.
2. Soweit ich weiß, hat er heute frei.
   Er sprang so weit wie ein Känguru.
3. Solange ich hier bin, geht keiner nach Hause.
   Das halte ich nicht so lange aus, das ist langweilig.
4. Sobald ich lache, bekomme ich Schluckauf.
   Diese Veranstaltung wird so bald nicht zu Ende sein.

Aufgabe 22

1. außer Stande sein 2. zu Tage bringen 3. im Stande sein 4. in Stand setzen 5. zu Leide tun 6. in Frage stellen 7. zu Mute sein

Aufgabe 23

10-ml-Probe	Vitamin-E-Mangel
DIN-A4-Blatt	Hepatitis-B-Viren
20-km-Gehen	2-Phasen-Reiniger
WC-Spülung	40-Liter-Grasfangkorb
ph-Wert 5,5	50-Zaletta-Stufen-Stehleitern
UV-Schutz	Regenwasser-Nutzungssysteme
Profi-Tipp	Prüf-Zertifikat
Make-up	Energiespar-Mitbau-Haus
Mini-Abo	Eis-und-Latschenkiefer-Massage-Gel
Top-Model	Herz-Schutz-Kapseln
Euro-Check	Kupfer-Quarz-Rosmarin-Tropfspray
Film-GmbH	
Spar-Tarif	
XYZ-Report	

Aufgabe 24

1. 2-silbiges Wort 2. I-Punkt 3. 14-tägige Reise 4. O-Beine 5. 4-Tage-Diät 6. 16-Stunden-Tag 7. 50-jähriger Mann 8. Wir-Gefühl 9. Hin- und Rückfahrt 10. Luft-, Land- und Wassertiere 11. Erste-Hilfe-Kasten 12. Aus-der-Haut-Fahren 13. Feuer-Versicherungs-Anstalt 14. Abt.-Leiter / Müller-Neumann 15. Alexander-von-Humboldt-Gymnasium 16. Ballett-Truppe / Zoo-Orchester 17. „Anti-Falten-Wirkung“ 18. „Tee-Ei“ / „Tee-Ernte“ / „Schnee-Ernte“ / „Kaffee-Ersatz“

7 Zeichensetzung

Aufgabe 1

Ein Fuchs fiel in einen tiefen Brunnen. Er hoffte darauf, dass jemand kam, der ihm heraushalf.
Als ein Ziegenbock den Fuchs entdeckte, rief dieser: „Hilf mir hier heraus!" Der Bock fragte, ob das Wasser dort unten gut sei. „Ja", antwortete der Fuchs, „komm doch herab und probiere es."
Der Ziegenbock zögerte etwas, doch dann kletterte er hinab. Und er trank von dem köstlichen Nass.
Nicht mehr durstig, fragte er den Fuchs: „Wie kommen wir wieder hinauf?" Der Fuchs erklärte es ihm. Der Bock sollte sich auf die Hinterbeine stellen, die Vorderbeine gegen die Wand stemmen und seine Hörner aus dem Brunnen herausstrecken. „Dann werde ich über deinen Rücken hinaufklettern und dir sofort heraushelfen", so der Fuchs.
Der Ziegenbock tat, was man ihm geraten hatte. Oben angelangt tanzte der Fuchs vor Freude. Er verhöhnte den Bock wegen seiner Dummheit. „Ich werde mich an dir rächen!", schrie der Bock. Darüber lachte der Fuchs und antwortete: „Wenn du so viele Gedanken hättest wie Haare in deinem Bart, dann wärst du nicht heruntergestiegen, ohne zu überlegen, wie du wieder herauskommst!"

Aufgabe 2

Zwei Schnecken lebten an einem Bahndamm und ärgerten sich über einen Schnellzug. „Wenn er wieder vorüberbraust", sagte die eine, „dann hole ich ihn von den Gleisen." „Richtig", meinte die andere, „diesem Lümmel werden wir es zeigen." Dann stellten sich beide zwischen die Schienen und schrien grimmigen Mutes: „Niederstoßen werden wir dich!" Der Zug brauste heran und über sie hinweg. „Er reißt aus!", brüllte die eine. „Dieser Feigling", empörte sich die andere Schnecke.

Aufgabe 3

1. Um das Regal aufbauen zu können, braucht man einen Inbus-Schlüssel, Schrauben und eine Wasserwaage.
2. In den Ferien werden wir jeden Tag ausschlafen, radeln, wandern und schwimmen gehen.
3. Hund, Katzen, Pferde, Delfine gehören zu den Säugetieren.
4. In der Jugendpension trafen wir viele Briten und Franzosen, Schweden, Dänen und Norweger.
5. Alle halfen bei den Vorbereitungen für unser großes Schulfest: Schüler, Lehrer, Eltern.

Aufgabe 4

1. Wollt ihr lieber Eis essen (,) oder möchtet ihr eher Cola trinken?
2. Entweder wir gewinnen das Spiel (,) oder wir werden es verlieren.
3. Max liest ein Buch (,) und Dominik malt ein Bild.
4. Der Baum muss gefällt werden (,) oder er wird umstürzen.
5. Der Gong ertönt (,) und alle Schüler gehen in die Klassen.
6. Entweder er liest ein Buch (,) oder er schreibt einen Brief.
7. Dieses Gerät ist praktisch (,) und es ist preiswert.
8. Entweder du lässt mich in Ruhe (,) oder ich gehe nach Hause.

Aufgabe 5

1. Sie liefen so schnell sie konnten, um den Zug nicht zu verpassen.
2. Weil die Straßen vereist waren, kamen sie nur langsam voran.
3. Nils hat versprochen, morgen sein Zimmer aufzuräumen.
4. Der Fahrradkorb, der nicht richtig befestigt war, fiel herunter.
5. Wenn es nicht regnet, wollen wir heute Abend im Garten grillen.
6. Es war schon spät am Abend, als wir das Feriencamp erreichten.
7. Fast hätte ich nicht daran gedacht, dass die Chorprobe heute ausfällt.
8. Jonas stellt seinen Wecker, damit er morgen nicht verschläft.

Aufgabe 6

1. Daran, den Job zu behalten, dachte sie nicht. 2. Ein schnelles Auto zu fahren, dies war sein größter Wunsch. 3. Wie schon gesagt, das rate ich dir nicht. 3. Wie gestern angekündigt (,) schreiben wir heute einen Vokabeltest. 5. Er, statt zu helfen, sah tatenlos zu. 6. Von der Dunkelheit plötzlich überrascht (,) verlor er die Orientierung. 7. Dazu, endlich Farbe zu bekennen, hatte er keinen Mut. 8. Ratlos umherirrend (,) suchte er nach dem Hotel. 9. Sie trug einen dicken Schal, um sich nicht zu erkälten. 10. Er ging über die Straße, ohne nach links und rechts zu schauen. 11. Völlig entkräftet (,) schleppte er sich ins Ziel. 12. Aus vollem Halse lachend (,) kam sie auf mich zu. 13. Sie hatten die Idee, das Fest mit einem Feuerwerk zu beschließen. 14. Davon, ein Star zu werden, träumte sie.

Aufgabe 7

1. Sie blieb im Bett, **zumal** sie Fieber hatte. 2. **Weil** eine Baustelle eingerichtet wird, gibt es eine Umleitung. 3. Er ließ die Musik so laut laufen, **dass** sich die Nachbarn aufregten. 4. Es regnete so stark, **dass** das Fussballspiel ausfiel. 5. **Seitdem** er krank war, verlor er an Gewicht. 6. Er bemühte sich, **ohne dass** er Erfolg hatte. 7. **Wenn** er mit ihr sprach, wurde er immer ganz rot. 8. Er hörte Musik, **ohne** mit Bügeln aufzuhören. 9. **Obwohl** er sich sehr beeilte, kam er nicht rechtzeitig. 10. Sie kommt heute noch vorbei, **außer wenn** es zu spät ist. 11. **Dass** sie den Beschluss durchsetzen konnte, ging auf ihren Einfluss zurück. 12. **Je** mehr er sich um sie bemühte, **umso** abweisender wurde sie. 13. **Bevor** sie die Probezeit nicht bestanden hatte, durfte sie kein Auto fahren. 14. **Wer** zaubern will, muss seine Tricks beherrschen. 15. **Wer** A sagt, **der** muss auch B sagen.

Aufgabe 8

Levi Strauss, ein Einwanderer aus der Gegend um Fürth, bei Nürnberg, ein Bayer, war mit 18 Jahren nach Amerika ausgewandert. Er kam mit einem wertvollen Material in den Westen der USA, einem Ballen Zelttuch. Die Goldgräber, schwer arbeitende Männer, kauften gerne seine Ware Hosen aus blauem Stoff. Sie benötigten stabile, widerstandsfähige Hosen, in deren Taschen ihre vielen kleinen Werkzeuge Platz fanden. Dies war die Geburtsstunde unserer heutigen Jeans.

Strauss versah seine Hosen nicht nur mit einem bequemen Schnitt, sondern auch mit doppelten Nähten, den Kappnähten, an wichtigen Stellen und Nieten. Mit diesen befestigte er den Bund und die Taschen. Bald war Levi Strauss, der deutsche Bursche, ein angesehener Geschäftsmann.

Im Mai 1873 konnte er schließlich ein Hosenpatent anmelden.

Aufgabe 9

Gestern, Montag (,) den 11. März (,) ging ich in der Eupener Straße, Belgisches Viertel, Stadtteil Bresedong, spazieren. Ich traf auf meinen Freund Dennis. Seine Adresse ist Berliner Str. 11, Lübeck.

Mit ihm verabredete ich mich für morgen, Mittwoch, den 13. März, um 12.45 Uhr (,) in Hamburg, Balthasarplatz, Infostand des Touristikvereins. Am Donnerstag, 14. März (,) werde ich mich um 15.00 Uhr in der Stresemannstraße, Hamburg-Altona (,) mit Dennis' Bruder treffen. Am selben Tag um 18.00 Uhr muss ich dann wieder nach Bresedong zurückfahren.

8 Worttrennung

Aufgabe 1

1. Vo-gel, Na-me
2. Knos-pe, Lei-tung
3. Mau-er, Mu-sik
4. Af-fe, Ei-sen
5. Ehe, Re-he, Ofen, Übel
6. Fla-sche, Esel, Ot-ter
7. Kis-te, Lo-cke
8. Re-gen, Mit-te
9. Sams-tag, Li-ter
10. Ufer, Sü-den, Las-ten
11. Fett-trop-fen, Lis-te
12. Lü-cke, Schät-ze

Aufgabe 2

1. Mo-tor, Le-xi-kon
2. The-se, Tem-po
3. Stro-phe, Pe-tro-le-um
4. Re-pu-blik, Fa-brik
5. Dis-zi-plin
6. Ex-em-plar, As-phalt
7. Pa-no-ra-ma, Ant-ark-tis
8. Pi-lot, Ra-dar
9. Mi-grä-ne, Spa-ghet-ti
10. Fair-play, Phy-sik

Quellennachweis

Bildquellen:
10.1 Fotolia (Anatolii), New York; **10.2** Adobe Stock (Foto-Ruhrgebiet), Dublin; **66** Thinkstock (Ecelop), München; **67** Adobe Stock (oxie99), Dublin; **69** PONS GmbH (Naomi Fearn), Stuttgart; **83** Thinkstock (Brostock), München; **119** PONS GmbH (Naomi Fearn), Stuttgart; **121** Adobe Stock (Aldas)

Der Verlag hat sich nach bestem Wissen und Gewissen bemüht, alle Inhaber von Urheberrechten an Texten und Abbildungen zu diesem Werk ausfindig zu machen. Sollte das in irgendeinem Fall nicht korrekt geschehen sein, bitten wir um Entschuldigung und bieten an, gegebenenfalls in einer nachfolgenden Auflage einen korrigierten Quellennachweis zu bringen.